Exklusiv für Buchkäufer!

Ihr eBook zum Download

- Ihr kostenloses eBook zum herunterladen

Ihre Arbeitshilfen online

- Checkliste: Mindestelemente Compliance-Programm
- Checkliste: Aufgabenbeschreibung Compliance-Verantwortlicher
- Checkliste: Einschaltung einer Ombudsstelle
- Übersicht: Bestellung eines externen Datenschutzbeauftragten

Und so geht's

- unter www.haufe.de/arbeitshilfen den Buchcode eingeben
- oder QR-Code mit Ihrem Smartphone oder Tablet scannen

Buchcode: DMU-EUPL

www.haufe.de/arbeitshilfen

Praxiswissen Compliance

Tilman Eckert

Praxiswissen Compliance
Erfolgreiche Umsetzung im Unternehmen

Dr. Tilman Eckert

1. Auflage

Haufe Gruppe
Freiburg · München

Bibliografische Information der Deutschen Nationalbibliothek
Die Deutsche Nationalbibliothek verzeichnet diese Publikation in der Deutschen Nationalbibliografie; detaillierte bibliografische Daten sind im Internet über http://dnb.dnb.de abrufbar.

Print ISBN: 978-3-648-04958-7 Bestell-Nr. 01068-0001
EPUB ISBN: 978-3-648-04959-4 Bestell-Nr. 01068-0100
EPDF ISBN: 978-3-648-04960-0 Bestell-Nr. 01068-0150

Dr. Tilman Eckert
Praxiswissen Compliance
1. Auflage 2014

© 2014 Haufe-Lexware GmbH & Co. KG, Freiburg
www.haufe.de
info@haufe.de
Produktmanagement: Anne Lennartz

Lektorat: Nicole Jähnichen, www.textundwerk.de
Satz: kühn & weyh Software GmbH, Satz und Medien, 79110 Freiburg
Umschlag: RED GmbH, 82152 Krailling
Druck: fgb · freiburger graphische betriebe, 79108 Freiburg

Alle Angaben/Daten nach bestem Wissen, jedoch ohne Gewähr für Vollständigkeit und Richtigkeit. Alle Rechte, auch die des auszugsweisen Nachdrucks, der fotomechanischen Wiedergabe (einschließlich Mikrokopie) sowie der Auswertung durch Datenbanken oder ähnliche Einrichtungen, vorbehalten.

Inhaltsverzeichnis

Vorwort		13
1	**Was bedeutet Compliance? Begriffliche Einordnung und Abgrenzung**	**15**
1.1	Definition	15
1.2	Ziel des Compliance Management Systems	15
1.3	Die Verantwortung der Unternehmensleitung	16
1.4	Compliance als Querschnittsthema	16
1.5	Aspekte von Compliance	17
2	**Warum ist Compliance wichtig?**	**19**
2.1	Die zunehmende Bedeutung von Compliance	19
2.2	Strengere inhaltliche Anforderungen	19
2.3	Verschärfung der Sanktionen bei Verstößen	20
2.4	Die Folgen von Compliance-Verstößen für das Unternehmen	20
2.5	Die Folgen von Compliance-Verstößen für beteiligte Personen	21
2.6	Die Kosten der „Aufräumarbeiten"	22
3	**Erfolgsfaktoren bei der Umsetzung von Compliance**	**23**
3.1	Compliance als integriertes Managementsystem	23
3.2	Konzernweite Umsetzung	23
3.3	Die Unternehmensführung als Vorbild	24
3.4	Compliance-Verständnis bei den Mitarbeitern	25
3.5	Die Schaffung einer Compliance-Kultur	25
3.6	Die Kommunikation nach außen	26
3.7	Compliance als Wettbewerbsvorteil	27
3.8	Ständige Verbesserung	28
4	**Wie gelingt die Umsetzung im Unternehmen?**	**29**
4.1	Grundlegende Voraussetzungen	29
	4.1.1 Systematisches Vorgehen	29
	4.1.2 Festlegung der Verantwortlichkeiten	29
	4.1.3 Umgang mit Interessenskonflikten	30
4.2	Erste Umsetzungsschritte	33
4.3	Analyse und Kommunikation der geltenden Vorschriften	33
4.4	Compliance-Risikoanalyse	34
4.5	Bestandsaufnahme der bereits bestehenden Compliance-Maßnahmen	35

Inhaltsverzeichnis

4.6	Zeit- und Maßnahmenplan	35
4.7	Inhaltliche Compliance-Vorgaben	36
	4.7.1 Richtlinien, Kodices, Arbeitsanweisungen	36
	4.7.2 Freigabe- und Unterschriftsregelungen	39
	4.7.3 Prozessdefinitionen, Arbeitshilfen, Checklists	39
4.8	Die Compliance-Organisation	40
	4.8.1 Compliance-Verantwortliche	41
	4.8.2 Vorfallsmanagement & Dokumentation	46
	4.8.3 Befassung der Unternehmensorgane mit Compliance	47
	4.8.4 Compliance-Board	47
	4.8.5 Compliance-Reporting	48
	4.8.6 Meldestellen für Compliance-Anliegen	48
	4.8.7 Einführungsprogramm für neue Mitarbeiter	51
	4.8.8 Personenunabhängigkeit des Compliance Management Systems	51
4.9	Schulungen und Trainings	52
	4.9.1 Ermittlung des Schulungsbedarfs	52
	4.9.2 Schulungsinhalte	52
	4.9.3 Teilnehmerkreis	52
	4.9.4 Verbindliche Teilnahme	53
	4.9.5 Dokumentation	53
4.10	Geschäftspartner-Checks	53
4.11	Aufbewahrungspflichten und -fristen	54
4.12	Monitoring und Compliance-Audits	55
	4.12.1 Compliance-Auditplan	55
	4.12.2 Ad-hoc-Audits und Internal Investigations	56
	4.12.3 Durchführung der Audits	57
	4.12.4 Dokumentation der Audit-Ergebnisse	57
	4.12.5 Bericht über Audit-Ergebnisse	58
	4.12.6 Umsetzung der Audit-Erkenntnisse	58
4.13	Compliance-Berichte an Aufsichtsorgane und Gesellschafter	58
4.14	Notfallpläne	59
4.15	Regelmäßige Evaluation und Verbesserungsmaßnahmen	60
5	**Compliance-Themenfelder**	**63**
5.1	Korruptionsbekämpfung	63
	5.1.1 Anti-Korruptionsrichtlinie	64
	5.1.2 Geschenke, Einladungen und Gewährung sonstiger Vorteile	66
	5.1.3 Bekanntmachung der Anti-Korruptionsvorgaben	66
	5.1.4 Pflicht der Beschäftigten zur Einhaltung der Anti-Korruptionsrichtlinie	67
	5.1.5 Pflicht externer Personen zur Einhaltung der Anti-Korruptionsrichtlinie	67
	5.1.6 Durchführung von Schulungen	68

5.1.7	Keine Buchung ohne Beleg	68
5.1.8	Analyse von korruptionsgefährdeten Bereichen und Vorgängen	69
5.1.9	Trennung von Zuständigkeiten bei Rechnungsprüfungen und Zahlungsfreigaben	70
5.1.10	Vier-Augen-Prinzip für Zahlungsfreigaben	70
5.1.11	Meldung von Bestechungsversuchen	70
5.1.12	Ablaufplan bei Korruptionsverdacht	71
5.1.13	Kommunikationsstrategie	71
5.1.14	Analyse von Buchungsvorgängen	72
5.1.15	Zentrale Finanzbuchhaltung und Kontenplan	73
5.1.16	Benennung des Endempfängers bei Zahlungen	73
5.1.17	Anti-Korruptionsbeauftragter	73
5.1.18	Aufklärung und Aufarbeitung von Korruptionsfällen	74
5.1.19	Abhilfemaßnahmen	74
5.1.20	Sanktionen bei Korruptionsfällen	74
5.1.21	Zusammenarbeit mit Strafverfolgungsbehörden	75
5.1.22	Diskriminierungsverbot bei Korruptionsmeldungen	76
5.1.23	Korruptionsmaßnahmen und Risikoüberwachungssystem	76
5.1.24	Internes Kontrollsystem	76
5.1.25	Korruptionsfälle bei Konkurrenten	77
5.2	Compliance im Vertrieb	77
5.2.1	Vertriebsrichtlinie	77
5.2.2	Compliance-Schulungen	78
5.2.3	Zusammenarbeit mit externen Vertriebspartnern	78
5.2.4	Verträge mit externen Vertriebspartnern	79
5.2.5	Provisionsverträge mit externen Vertriebspartnern	79
5.2.6	Vergütungen und Provisionen für externe Vertriebspartner	79
5.2.7	Überprüfung der externen Vertriebspartner	80
5.2.8	Verwendung von standardisierten Bedingungen	80
5.2.9	Auftrags- und Vertragsprüfungen im Vertrieb	80
5.2.10	Keine Zahlungen auf Nummernkonten oder Konten in Steueroasen	81
5.2.11	Incentivierungs- und Bonus-Modelle für Vertriebsmitarbeiter	81
5.2.12	Reisekosten- und Spesenabrechnungen	81
5.2.13	Auffälligkeiten bei der Pflege von Kundenbeziehungen	81
5.2.14	Durchführung von Job Rotations im Vertrieb	82
5.2.15	Beschaffung von Informationen über Märkte und Wettbewerber	82
5.3	Compliance im Einkauf	82
5.3.1	Richtlinien für den Bereich Einkauf	82
5.3.2	Transparente Beschaffungsprozesse	84
5.3.3	Pre-Employment Checks	85
5.3.4	Klare Vorgaben für Nebentätigkeiten	85

Inhaltsverzeichnis

	5.3.5	Verflechtungen mit Lieferanten oder Dienstleistern	85
	5.3.6	Klare Zuständigkeiten bei Beschaffungsprozessen	86
	5.3.7	Freigaberegelungen	86
	5.3.8	Mehr-Augen-Prinzip	86
	5.3.9	Einkaufs-Bedarfsmeldungen	87
	5.3.10	Meldung von Bestechungsversuchen durch Lieferanten oder Dienstleister	87
	5.3.11	Ausschreibungen	87
	5.3.12	Dokumentation von Einkaufsvorgängen	88
	5.3.13	Funktionstrennungen	88
	5.3.14	Standard-Bestellverträge oder -Aufträge	88
	5.3.15	Verschwiegenheitsklauseln	89
	5.3.16	Verkauf von nicht mehr benötigten Gütern	89
	5.3.17	Anzeige von Missständen bei Einkaufsprozessen	89
5.4	Datenschutz und Compliance		90
	5.4.1	Datenschutzrechtliche Prüfungen	91
	5.4.2	Datenvermeidung und Datensparsamkeit	91
	5.4.3	Zulässigkeit der Datenerhebung, -verarbeitung und -nutzung	91
	5.4.4	Datenschutzrechtliche Einwilligungserklärungen	92
	5.4.5	Formerfordernisse für die Einwilligungserklärung	92
	5.4.6	Erhebung der personenbezogenen Daten	93
	5.4.7	Adressdatenhandel	93
	5.4.8	Datennutzung für Zwecke der Werbung, Markt- oder Meinungsforschung	94
	5.4.9	Datenschutzrichtlinie	95
	5.4.10	Verpflichtung auf das Datengeheimnis	96
	5.4.11	Nutzung privater IT-Endgeräte für berufliche Zwecke	96
	5.4.12	Übermittlung von Daten in außereuropäische Länder	98
	5.4.13	Führung der Buchhaltungs- und Steuerunterlagen	99
	5.4.14	Datenschutzbeauftragter	100
	5.4.15	Datenschutz-Schulungen	103
	5.4.16	Meldepflicht bei Verfahren automatisierter Verarbeitung von personenbezogenen Daten	104
	5.4.17	Vorabkontrolle bei besonderen Risiken	105
	5.4.18	Maßnahmen zum Schutz der personenbezogenen Daten	105
	5.4.19	Zugriff auf personenbezogene Daten	106
	5.4.20	Schutz der IT-Systeme gegen Hacker-Angriffe	106
	5.4.21	Massendatenabfragen	107
	5.4.22	Benachrichtigung der Betroffenen	107
	5.4.23	Diensteanbieter i. S. des Telemediengesetzes	107
	5.4.24	Auskunft über personenbezogene Daten	109
	5.4.25	Recht auf Berichtigung, Löschung und Sperrung von personenbezogenen Daten	109

		5.4.26 Daten für Zwecke des Beschäftigungsverhältnisses	110
		5.4.27 Unternehmensinterne Ermittlungen	110
		5.4.28 Unterrichtung der zuständigen Arbeitnehmervertretung	113
		5.4.29 Meldepflichten im Fall von Datenschutzverstößen	113
		5.4.30 Informationspflicht des Diensteanbieters	114
		5.4.31 Ablaufplan zum Umgang mit Datenschutzbeschwerden	115
		5.4.32 Auftragsdatenverarbeitung durch Dritte	116
		5.4.33 Durchführung der Auftragsdatenverwaltung für Dritte	119
		5.4.34 Datenschutzbericht	120
		5.4.35 Reaktion auf eingetretene Datenschutzverstöße	121
		5.4.36 Datenschutzaudit durch externe Stelle	121
5.5		Arbeits- und sozialversicherungsrechtliche Compliance	121
		5.5.1 Allgemeines Gleichbehandlungsgesetz	122
		5.5.2 Mobbingfälle	125
		5.5.3 Beschäftigungsquoten	126
		5.5.4 Unzulässige Fragen im Bewerbungsgespräch	126
		5.5.5 Benachteiligungsverbot bei der Ausübung von Rechten	127
		5.5.6 Nebentätigkeiten	127
		5.5.7 Arbeitsschutz und -sicherheit	128
		5.5.8 Arbeitszeitgesetz	134
		5.5.9 Mutterschutzgesetz und -verordnung	135
		5.5.10 Jugendarbeitsschutzgesetz	135
		5.5.11 Berufsbildungsgesetz	136
		5.5.12 Ausschluss von Schwarzarbeit	136
		5.5.13 Beschäftigung von Ausländern	137
		5.5.14 Gendiagnostikgesetz	138
		5.5.15 Beschäftigung von Schwerbehinderten	139
		5.5.16 Sozialversicherungsbeiträge, Lohnsteuer	141
		5.5.17 Arbeitnehmerüberlassung	143
		5.5.18 Mitbestimmungsrechte der Arbeitnehmervertretungen	144
		5.5.19 Arbeitsrechtliche Mindeststandards und -Sozialstandards im Ausland	146
5.6		Bekämpfung von Geldwäsche und Terrorismusfinanzierung	147
		5.6.1 Indizien für Geldwäsche oder Terrorismusfinanzierung	148
		5.6.2 Anwendungsbereich des Geldwäschegesetzes	149
		5.6.3 Nachweis angemessener Maßnahmen	151
		5.6.4 Interne Grundsätze zur Verhinderung von Geldwäsche und Terrorismusfinanzierung	152
		5.6.5 Gesetzliche Sorgfaltspflichten	152
		5.6.6 Erkennen von „Smurfing"-Vorgängen	152
		5.6.7 Richtlinie zur Bekämpfung von Geldwäsche und Terrorismusfinanzierung	153
		5.6.8 Geldwäschebeauftragter	153

Inhaltsverzeichnis

	5.6.9	Sicherungssysteme und Kontrollen	155
	5.6.10	Identifizierungspflichten	155
	5.6.11	Kontinuierliche Überwachung	159
	5.6.12	Regelmäßige Aktualisierung	159
	5.6.13	Zusätzliche Sorgfaltspflichten bei erhöhten Risiken	159
	5.6.14	Risikobewertung	160
	5.6.15	Keine Geschäftsbeziehung oder Transaktion ohne Erfüllung der Sorgfaltspflichten	161
	5.6.16	Monitoring aller verdächtigen Transaktionen	161
	5.6.17	Einschaltung eines externen Dienstleisters	162
	5.6.18	Verdachtsmeldungen	163
	5.6.19	Erfüllung der Aufzeichnungspflichten nach dem Geldwäschegesetz	165
	5.6.20	Geldwäscherechtliche Aufbewahrungspflichten	165
	5.6.21	Überprüfung von Mitarbeitern	166
	5.6.22	Schulungen zu den Pflichten nach dem Geldwäschegesetz	166
	5.6.23	Überprüfungen von sensiblen Bereichen	166
	5.6.24	Grenzüberschreitende Vermögensübertragungen	167
	5.6.25	Ausländische Vorschriften zur Geldwäschebekämpfung	167
5.7	Spenden, Sponsoring, Veranstaltungen		167
5.8	Verbandstätigkeit		168
5.9	Lobbying		170
	5.9.1	Grundsätze für die Lobbyarbeit	171
	5.9.2	Offenlegung der Budgets bzw. Gesamtkosten für die Lobbyarbeit	171
	5.9.3	Geltung der Standards für alle Beteiligten	171
	5.9.4	Externe Standards für Lobbyarbeit	172
	5.9.5	Lobbyisten-Register	172
	5.9.6	Einschaltung von externen Personen für die Lobbyarbeit	173
6	**Exkurs: Compliance im Umweltschutz (Autor: Peter Duschek)**		**175**
6.1	Ein Praxisfall		175
6.2	Interne Kommunikation als Schlüssel		178
6.3	Definierte Verantwortlichkeiten		179
6.4	Elemente eines effektiven Compliance-Managements		182

Abkürzungsverzeichnis   **183**

Der Autor   **185**

Stichwortverzeichnis   **187**

Vorwort

Langjährige Kartellabsprachen, Datenlecks, Bespitzelungen der eigenen Mitarbeiter, Umgehungen von Embargos und Bestechungsfälle — fast täglich berichten die Medien über einen neuen prominenten Fall. Die Folgen dieser Compliance-Verstöße sind für die betroffenen Unternehmen einschneidend: Bußgelder, Schadensersatzforderungen, Imageschädigung, Ausschluss von Aufträgen und das Wegbrechen von Finanzierungen oder der Versicherungsdeckung. Geschäftspartner beenden die Zusammenarbeit, um nicht mit in den Strudel der negativen öffentlichen Wahrnehmung hineingezogen zu werden.

Die Kosten der „Aufräumarbeiten" übersteigen nicht selten die Kosten, die für angemessene Compliance-Präventionsmaßnahmen angefallen wären. Häufig ist das betroffene Unternehmen dann sogar in seiner Existenz bedroht. In Einzelfällen haben Compliance-Strafen bereits dazu geführt, dass Unternehmen Insolvenz anmelden mussten.

Auch für die involvierten Personen können Compliance-Vorfälle wegen der möglichen Konsequenzen einschneidend sein: Sie müssen Geld- und Freiheitsstrafen, Geldbußen, Freistellung, Kündigung, Ausschluss oder Abberufung von bestimmten Funktionen, Berufsverbote, Schadensersatzforderungen des eigenen Unternehmens oder von Dritten sowie Rufschädigung fürchten.

Das vorliegende Buch gibt Organisationen, also z. B. Unternehmen, Stiftungen, Verbänden, Nicht-Regierungsorganisationen, praktische Hilfestellungen für die Einrichtung und Aufrechterhaltung eines wirksamen Compliance Management Systems an die Hand. Zugleich wird der rechtliche Hintergrund der Compliance-Anforderungen beleuchtet. Dabei wird berücksichtigt, dass Compliance neben der Frage, welche inhaltlichen Regeln gelten, auch organisatorische und kommunikative Herausforderungen mit sich bringt. Auch die Schaffung einer guten „Compliance-Kultur", die Akzeptanz bei den Mitarbeitern schafft, ist Thema dieses Buches.

Dr. Tilman Eckert

1 Was bedeutet Compliance? Begriffliche Einordnung und Abgrenzung

1.1 Definition

Compliance bedeutet die Einhaltung aller geltenden Regeln, sei es gesetzlicher, behördlicher oder unternehmensinterner Art, also Regeltreue oder Regelkonformität (vgl. auch Ziffer 4.1.3 des Deutschen Corporate Governance Kodex: „Einhaltung der gesetzlichen Bestimmungen und der unternehmensinternen Richtlinien").

Compliance ist keine neue Anforderung. Gesetzliche Vorgaben waren stets zu beachten und Organisationen haben sich meist schon interne Verhaltensregeln gegeben. Allerdings stellt die Sicherstellung von Compliance heute aus den in Kapitel 2 genannten Gründen eine zunehmend größere Herausforderung für Organisationen dar.

1.2 Ziel des Compliance Management Systems

Ziel eines sog. Compliance Management Systems ist es, in der Organisation **systematisch** die Voraussetzungen dafür zu schaffen, dass Verstöße gegen Compliance-Anforderungen wirksam vermieden bzw. wesentlich erschwert werden und dass eingetretene Verstöße erkannt und aufgegriffen werden können.

Compliance-Verstöße durch Einzelne, die mit krimineller Energie handeln, können selbst durch ein wirksames System nicht ausgeschlossen werden.

1.3 Die Verantwortung der Unternehmensleitung

Compliance sicherzustellen, ist originäre Verantwortung der Unternehmensleitung. Gemäß § 130 Abs. 1 OWiG muss der „Inhaber" eines Betriebs oder Unternehmens diesbezüglich angemessene Aufsichtsmaßnahmen ergreifen. Anderenfalls liegt bei fahrlässigem oder schuldhaftem Verhalten eine Ordnungswidrigkeit vor, wenn ein Pflichtverstoß begangen wird, der durch gehörige Aufsicht verhindert oder wesentlich erschwert worden wäre (siehe auch Kap. 2.5 zu den Rechtsfolgen für den Einzelnen bei Verstößen). Als „Inhaber" im Sinne des § 130 Abs. 1 OWiG ist anzusehen, wem die Erfüllung der (Aufsichts-)Pflichten tatsächlich obliegt.

Die Aufsichtspflichten sind dabei nicht auf das eigene Unternehmen beschränkt. Sie bestehen vielmehr übergreifend für die gesamte Unternehmensgruppe, also konzernweit (vgl. auch Ziffer 4.1.3 des Deutschen Corporate Governance Kodex: „Einhaltung der gesetzlichen Bestimmungen und der unternehmensinternen Richtlinien").

Zur Aufsichtspflicht gehören auch die Bestellung, sorgfältige Auswahl und Überwachung von Aufsichtspersonen (vgl. § 130 Abs. 1 Satz 2 OWiG). Die der Geschäftsführung obliegende Letzt-Überwachungspflicht ist nicht delegierbar. Außerhalb dieses Bereichs können Compliance-Aufgaben und -Verantwortung aber wirksam übertragen werden. Eine solche Delegation kann beispielsweise im Anstellungsvertrag, durch Stellenbeschreibung oder durch arbeitsrechtliche Weisung erfolgen. Empfehlenswert ist eine eindeutige Beschreibung der delegierten Aufgaben und Verantwortlichkeiten, um eine wirksame Delegation von Verantwortlichkeit belegen zu können.

1.4 Compliance als Querschnittsthema

Compliance ist kein Thema, das ausschließlich einem bestimmten Fachbereich des Unternehmens zugeordnet werden kann. Vielmehr handelt es sich um ein Querschnittsthema, das — konzernweit — nahezu alle Unternehmensbereiche und Funktionen betrifft (u. a. Vertrieb, Einkauf, Recht, Rechnungswesen und Finanzen, Personal). Dies bedeutet in der Praxis erhebliche Herausforderungen für die Schaffung eines effektiven Compliance Management Systems. In Kapitel 4 („Wie gelingt die Umsetzung im Unternehmen?") wird die mögliche Herangehensweise an die Einrichtung eines wirksamen Compliance Management Systems näher beschrieben.

1.5 Aspekte von Compliance

Compliance umfasst nicht nur die geltenden inhaltlichen Vorgaben, sondern darüber hinaus ethisch-kulturelle, organisatorische und kommunikative Aspekte. Nicht ausreichend ist allein die Einführung und Kommunikation von formellen Richtlinien. Ergänzend ist die Umsetzung einer risikoorientierten, maßgeschneiderten Compliance-Organisation sowie einer guten „Compliance-Kultur" notwendig.

Bei Compliance-Vorfällen wird die Verantwortlichkeit des Unternehmens und der Unternehmensführung an der tatsächlichen Unternehmenspraxis gemessen. Nicht entlastend ist es, wenn zwar formelle Vorgaben bestanden, die jedoch nicht bekannt waren oder nicht eingefordert und umgesetzt wurden.

2 Warum ist Compliance wichtig?

2.1 Die zunehmende Bedeutung von Compliance

Compliance hat in den letzten Jahren eine stark zunehmende Aufmerksamkeit und Bedeutung erfahren. Die Gründe dafür sind vielfältig, zu nennen sind etwa:

- strengere materielle Verhaltensanforderungen in nationalen und ausländischen Rechtsordnungen — einschließlich steuerrechtlicher Änderungen (siehe hierzu näher das nächste Kapitel),
- internationale Wirkung von nationalen Gesetzen,
- zunehmende Internationalisierung der unternehmerischen Aktivitäten,
- Verschärfung der Rechtsfolgen bei Verstößen (siehe hierzu sogleich),
- verstärktes Eingreifen von Aufsichts- und Strafverfolgungsbehörden und
- gestiegene Kosten der „Aufräumarbeiten" bei Compliance-Verstößen.

2.2 Strengere inhaltliche Anforderungen

Der Gesetzgeber hat in den vergangenen Jahren in vielen Bereichen die gesetzlichen Compliance-Anforderungen verschärft bzw. neue Compliance-Anforderungen eingeführt.

▶ **BEISPIEL**

So wurde der Kreis der Verpflichteten nach dem Geldwäschegesetz gem. § 2 Abs. 1 GwG erweitert. Auch ist jetzt in bestimmten Bereichen die Einführung eines Compliance-Beauftragten Pflicht gem. § 33 Abs. 1 WpHG.

Bereits seit dem 1. Januar 1999 sind Schmiergelder nicht mehr als „nützliche Aufwendungen" bei den Betriebsausgaben absetzbar (vgl. § 4 Abs. 5 Satz 1 Nr. 10 EStG); Verstöße erfüllen den Tatbestand der Steuerhinterziehung. Dies gilt auch für die Bestechung von ausländischen Amtsträgern (siehe das Gesetz zu dem Übereinkommen vom 17. Dezember 1997 über die Bekämpfung der Bestechung ausländischer Amtsträger im internationalen Geschäftsverkehr, IntBestG) und von Richtern und Amtsträgern eines anderen Mitgliedstaates der Europäischen Union und der

Warum ist Compliance wichtig?

Europäischen Gemeinschaften sowie von Gemeinschaftsbeamten und Mitgliedern der Kommission und des Rechnungshofes der Europäischen Gemeinschaften (siehe das Gesetz zu dem Protokoll vom 27. September 1996 zum Übereinkommen über den Schutz der finanziellen Interessen der Europäischen Gemeinschaften). Entsprechende Verdachtsmomente müssen Betriebsprüfer an die Staatsanwaltschaft melden. Ein Ermessensspielraum besteht hierbei nicht, ansonsten setzen sich Betriebsprüfer selbst dem Vorwurf der Strafvereitelung im Amt (§ 258a StGB) aus.

2.3 Verschärfung der Sanktionen bei Verstößen

Zudem sind die Sanktionen im Fall von Compliance-Verstößen in den letzten Jahren verschärft und ausgeweitet worden. Zu nennen sind hier beispielsweise:

- die Erhöhung des Bußgeldrahmens bei der sog. Verbandsstrafe (vgl. § 30 OWiG),
- die Verschärfung des Umweltstrafrechts (vgl. §§ 325 ff. StGB).

2.4 Die Folgen von Compliance-Verstößen für das Unternehmen

Compliance-Verstöße können einerseits für das Unternehmen selbst, andererseits für beteiligte Personen (siehe hierzu den nächsten Abschnitt) erhebliche Folgen haben. Den Unternehmen drohen insbesondere folgende Konsequenzen:

- Geldbuße (vgl. § 30 Abs. 1, 9 OWiG, sog. Verbandsstrafe),
- Gewinnabschöpfung gem. §§ 30 Abs. 3, 17 Abs. 4 OWiG oder Verfall gem. §§ 73, 73a StGB, § 29a OWiG: Das Unternehmen verliert demnach den Vorteil, den es durch die Bestechung erlangt hat; hierbei gilt das sog. Bruttoprinzip, wonach etwaige Kosten oder Aufwendungen bei der Gewinnabschöpfung nicht berücksichtigt werden.
- Folgen nach dem Unternehmensstrafrecht verschiedener Länder: Einige Rechtsordnungen kennen strafrechtliche Sanktionen für juristische Personen.
- Ausschluss von Vergabeverfahren wegen Unzuverlässigkeit (vgl. § 2 Abs. 1 Nr. 1 VOB/A und § 2 Abs. 1 Satz 1 VOL/A; im Falle von Kartellverstößen kann ein Ausschluss von öffentlichen Aufträgen gem. § 97 GWB erfolgen),
- Eintragung in ein sog. Korruptionsregister,
- Entzug einer Betriebsgenehmigung (Konzession),

- Eintragung in das Gewerbezentralregister (Vermerk von Bußgeldern, Straftaten, Gewerbeuntersagungen etc., siehe §§ 149 ff. GewO) und
- Auferlegung einer „Compliance-Aufsicht" („Compliance Monitorship") durch eine Aufsichtsbehörde (z. B. durch die US-Börsenaufsichtsbehörde SEC oder das US Department of Justice; die für eine solche Aufsicht bestimmten Personen sollen dann die Compliance-Vorkehrungen eines Unternehmens im Auftrag der Behörde, aber auf Kosten des Unternehmens beobachten und der jeweiligen Behörde Rückmeldungen geben),
- Schadensersatzforderungen (etwa von Konkurrenten oder Verbrauchern bei Kartellverstößen),
- (sofortige) Fälligstellung von Finanzierungsverträgen (beispielsweise Kreditverträgen),
- Rufschädigung (auch wenn die Rufschädigung selbst schwer finanziell messbar ist, kann der Vertrauensverlust bei Kunden, Geldgebern, Mitarbeitern oder Behörden erheblich sein).

Aus der vorstehenden Aufzählung wird deutlich, dass Compliance-Vorfälle existenzgefährdende Auswirkungen auf ein Unternehmen haben können. Bußgelder aufgrund von Compliance-Verstößen können einen Jahresfehlbetrag in der Konzernbilanz verursachen. Die EU-Kommission hat in Einzelfällen Bußgelder gegen Kartellsünder deshalb herabgesetzt, weil die betroffenen Unternehmen bei regulärer Bußgeldhöhe Insolvenz hätten anmelden müssen, was dem Ziel des Schutzes eines funktionierenden Wettbewerbs nicht dienlich gewesen wäre. In anderen Fällen musste wegen Compliance-Strafen tatsächlich Insolvenz angemeldet werden.

2.5 Die Folgen von Compliance-Verstößen für beteiligte Personen

Auch die an Compliance-Vorfällen beteiligten Personen können einer Reihe von möglichen Rechtsfolgen unterliegen.

- Zum einen können gegen die Beteiligten strafrechtliche Sanktionen verhängt werden (Freiheits- oder Geldstrafen). Findet der Compliance-Verstoß im Ausland statt, ist eine Doppelbestrafung nicht ausgeschlossen.
- Zum anderen können Geldbußen gem. § 130 OWiG oder aufgrund von spezialgesetzlichen Bußgeldvorschriften drohen. Die Verletzung der Aufsichtspflicht kann gem. § 130 Abs. 3 OWiG ein Bußgeld bis zu einer Million Euro nach sich ziehen, wenn die betreffende Pflichtverletzung mit Strafe bedroht ist.

Warum ist Compliance wichtig?

- Personen, die an Compliance-Verstößen beteiligt waren, können ferner von bestimmten Funktionen, die eine „fachliche Eignung" oder „Zuverlässigkeit" voraussetzen, ausgeschlossen oder abberufen werden. Unter Umständen kann ein Berufsverbot ausgesprochen werden.
- Zivilrechtlich sind Schadensersatzforderungen der Geschädigten — auch des eigenen Unternehmens — denkbar. Darüber hinaus sind arbeitsrechtliche bzw. dienstvertragliche Sanktionen möglich, die von einer Abmahnung bis zur ordentlichen Kündigung (ggf. samt Freistellung) und fristlosen Kündigung bzw. Abberufung reichen können.
- Wissentliches Verhalten (z. B. die bewusste Absprache von Preisen oder Märkten) kann den Verlust von Haftpflichtversicherungs-Deckungen wie der Directors & Officers Liability Insurance, also der Organ- oder Managerhaftpflichtversicherung, nach sich ziehen.
- Eine Rufschädigung kann die involvierten Personen empfindlich treffen und das berufliche Fortkommen beeinträchtigen.

2.6 Die Kosten der „Aufräumarbeiten"

Die direkten Kosten für die Beseitigung von Compliance-Verstößen („Clean-up costs") für Gerichtsverfahren, eingeschaltete Anwälte einschließlich Strafverteidigern, „Compliance Monitorship" (siehe oben Kap. 2.4) und weitere Berater (z. B. Kommunikationsagenturen) können signifikant sein. In Einzelfällen haben diese Kosten dreistellige Millionen-Euro-Beträge erreicht. Hinzu kommen die kaum messbaren, aber erheblichen indirekten Kosten, die durch den Vertrauensverlust und den Imageschaden verursacht werden.

3 Erfolgsfaktoren bei der Umsetzung von Compliance

3.1 Compliance als integriertes Managementsystem

Viele Unternehmen haben in Teilaspekten bereits Maßnahmen zur Erreichung von Compliance umgesetzt (z. B. die Einführung eines Verhaltenskodex, einer Unterschriftenregelung oder etwa die Benennung eines Exportkontrollbeauftragten, der die Einhaltung der außenwirtschaftsrechtlichen Regelungen sicherstellen soll). In der Praxis ist jedoch häufig feststellbar, dass hinsichtlich der getroffenen Maßnahmen noch kein Gesamtansatz gewählt wurde, der für die Schaffung eines Compliance Management Systems erforderlich wäre.

Compliance sollte, vergleichbar einem Qualitäts- oder Umweltmanagementsystem, als integriertes Managementsystem verstanden werden, um die Einhaltung der Organisations- und Aufsichtspflichten umfassend zu gewährleisten. Das erfordert eine ganzheitliche, systematische Herangehensweise an das Thema.

Wesentliche Elemente eines Compliance Management „Systems" sind u. a.:

- klare Definition von Verantwortlichkeiten, Befugnissen und Prozessen (siehe hierzu näher das Kap. 4.1.2),
- Management von Ressourcen,
- Dokumentation,
- Systemüberwachung,
- regelmäßige Systemanalyse und
- Streben nach kontinuierlicher Verbesserung (siehe hierzu auch Kap. 3.8).

3.2 Konzernweite Umsetzung

Die Organisations- und Aufsichtsverantwortung der Unternehmensleitung für die Sicherstellung von Compliance gilt konzernweit. Daher ist die systematische Einbeziehung aller in- und ausländischen Konzerngesellschaften in das Compliance-

Programm wichtig. Ein konzernweiter „Roll-out" des Compliance-Programms stellt allerdings regelmäßig eine große Herausforderung dar:

- Zum einen werden nicht immer einheitliche IT-Systeme im Konzern verwendet, in denen bestimmte Compliance-Abläufe (wie etwa Genehmigungs- und Freigabeprozesse) implementiert und dokumentiert werden können.
- Zum anderen sind unterschiedliche Landessprachen eine Hürde.
- Und nicht zuletzt gelten im Ausland häufig abweichende Wertvorstellungen und Gepflogenheiten, die im Widerspruch zu gesetzlichen Regelungen oder Grundsätzen des Compliance-Programms stehen können.

Für Minderheitsgesellschafter kann es sich anbieten, die aus deren Sicht notwendigen Mindesterwartungen an eine Compliance-Organisation aufzuzeigen und der Unternehmensleitung zur Umsetzung zur Verfügung zu stellen. Dies kann etwa über die eigenen Vertreter in den Aufsichtsgremien (z. B. Aufsichtsrat) der Minderheitsbeteiligung oder über die Gesellschafterversammlung erfolgen. Die eigenen Vertreter können ihre Informationsrechte als Organmitglieder nutzen, um sich über den Stand der Einführung eines Compliance-Programms zu vergewissern.

ARBEITSHILFE ONLINE

CHECKLISTE: Mindestelemente Compliance-Programm

Unter http://arbeitshilfen.haufe.de/ können Sie eine Checkliste zu den Mindestinhalten eines Compliance-Programms bei Minderheitsbeteiligungen abrufen.

3.3 Die Unternehmensführung als Vorbild

Der Unternehmensleitung obliegt es, allen Mitarbeitern die Bedeutung von Compliance-Anforderungen und ihrer Erfüllung zu vermitteln. Sie sollte ein ausdrückliches eigenes Bekenntnis zur Schaffung einer Compliance-Kultur abgeben und klar ihre Erwartung zum Ausdruck zu bringen, dass die Compliance-Anforderungen tatsächlich eingehalten werden. Dazu zählt auch, dass die Unternehmensleitung deutlich macht, dass keinerlei Ausnahmen bei der Erfüllung der Compliance-Anforderungen geduldet werden (sog. Null-Toleranz-Politik, „Zero Tolerance"-Politik).

3.4 Compliance-Verständnis bei den Mitarbeitern

Wesentlicher Erfolgsfaktor für Compliance ist, dass Mitarbeiter die Notwendigkeit und den Sinn der Compliance-Maßnahmen erkennen. Wenn sie verinnerlichen, dass ein nachhaltiges Wirtschaften nur bei Einhaltung der geltenden Regeln möglich ist, da sonst der Bestand des Unternehmens und damit die Arbeitsplätze gefährdet sind, wird die Bereitschaft größer sein, Compliance-Maßnahmen im Alltag umzusetzen. Die Erfahrung zeigt überdies, dass sich die große Mehrheit der Mitarbeiter auch besser mit ihrem Unternehmen identifiziert, wenn die Unternehmensleitung eine klare Ausrichtung auf Regeltreue und positive Werte vorgibt.

3.5 Die Schaffung einer Compliance-Kultur

Häufig wird Compliance in Unternehmen noch nicht als ganzheitliche Managementangelegenheit verstanden, sondern als lästiges Übel, welches das operative Geschäft nicht fördert und lieber Spezialisten überlassen wird. Dabei kann ein aktives Verständnis von Compliance, wonach Compliance langfristig Werte schafft oder sichert, dazu beitragen, dass erhebliche Risiken vermieden und die nachhaltigen Unternehmensaktivitäten unterstützt werden.

Zur Schaffung einer Compliance-Kultur zählt auch die Förderung einer offenen Kommunikationskultur. Sie wirkt begünstigend für die Erreichung von Compliance, weil Mitarbeiter eher bereit sein werden, Zweifelssituationen offen anzusprechen, um den richtigen Umgang mit diesen Situationen zu klären oder Versäumnisse zuzugeben. Mitarbeiter sollten daher ausdrücklich ermutigt werden, mit allen Compliance-Angelegenheiten auf den Compliance-Verantwortlichen, ihre Vorgesetzten oder die Unternehmensleitung zuzugehen. Wichtig ist es dabei, Mitarbeitern deutlich zu kommunizieren, dass sie keinerlei Benachteiligung zu befürchten haben, wenn sie in gutem Glauben Compliance-Angelegenheiten vorbringen — einschließlich etwaiger Hinweise auf (vermeintliche) Compliance-Verstöße.

Das Unternehmen sollte eine „Open Door Policy" fördern, d. h., die Mitarbeiter sollten sich in Compliance-Angelegenheiten jederzeit an ihre Vorgesetzten wenden können. Die Vorgesetzten sollten hierauf ausdrücklich, z. B. durch Schulungen, vorbereitet werden. Wenn Vorgesetzte in solchen Fällen einmal nicht selbst weiterhelfen können, sollten sie auf die Compliance-Verantwortlichen verweisen.

Aspekte, die Rückschlüsse darauf zulassen, ob im Unternehmen eine positive Compliance-Kultur gegeben ist, sind u. a.:

- Besteht seitens der Mitarbeiter und des Managements eine hohe Akzeptanz hinsichtlich der im Unternehmen eingeführten Compliance-Maßnahmen?
- Werden die Compliance-Verantwortlichen von den Beschäftigten häufig auch eigeninitiativ für eine Beratung in Anspruch genommen?
- Wie zeitnah und sorgfältig werden Compliance-Meldungen durchgeführt (z. B. bei Geschenkangeboten oder Einladungen an Mitarbeiter durch Dritte)?
- Gibt es klare Bekenntnisse der Unternehmensleitung zu Compliance? (siehe auch das Kapitel zuvor) etc.

Schließlich sollte es eine direkte Kommunikationsmöglichkeit zwischen den Compliance-Verantwortlichen und Personen aller Unternehmensbereiche und Hierarchieebenen geben, damit erstere ihre Arbeit effektiv ausführen können und Zugang zu den notwendigen Informationen erhalten. Dies ist wesentlicher Bestandteil der gebotenen Unabhängigkeit der Compliance-Funktion.

Die Compliance-Kultur kann auch dadurch gefördert werden, dass die Einhaltung von Compliance-Standards ausdrücklich zum Teil der Zielvorgaben und Zielerreichungsgespräche zwischen Mitarbeitern und Führungskräften gemacht wird. So wird eine klare persönliche Verantwortlichkeit unterstrichen. Die Verknüpfung von variablen Entgeltbestandteilen mit der Zielerreichung kann die Bereitschaft zur Umsetzung bzw. Einhaltung der Compliance-Standards fördern.

> **BEISPIEL**
> So kann für Vertriebsmitarbeiter vorgesehen werden, dass nur solche Umsätze oder Ergebnisbeiträge für einen variablen Bonus angerechnet werden, die ohne Verstöße gegen Compliance-Vorgaben (wie etwa das Korruptionsverbot) erzielt wurden.

3.6 Die Kommunikation nach außen

Wenn über die Schaffung einer offenen internen Kommunikationskultur hinaus auch nach außen professionell über die Compliance-Maßnahmen des Unternehmens kommuniziert wird, schafft dies Vertrauen bei den wesentlichen interessierten Personen, also den Stakeholdern wie Gesellschaftern, Investoren, Kunden, sowie bei Mitarbeitern, Behörden und bei den Medien. Das Unternehmen sollte seine Bemühungen im Bereich Compliance also nicht nur nach innen richten, sondern auch aktiv nach außen kommunizieren.

3.7 Compliance als Wettbewerbsvorteil

Ein aktives Verständnis von Compliance und eine offene Kommunikation zu diesen Themen — wie vorstehend beschrieben — kann sich für das Unternehmen auch finanziell positiv auswirken und einen Wettbewerbsvorteil gegenüber anderen Unternehmen erzeugen.

Zwar hat Compliance als solche in der Regel keinen unmittelbaren Umsatzeffekt. Die professionelle Herangehensweise an Compliance erspart aber zum einen die hohen Kosten der Aufräumarbeiten nach Eintritt eines Compliance-Verstoßes (siehe auch Kap. 2.6).

Zum anderen werden das Vertrauen, die Kundenbindung und die Identifizierung mit dem Unternehmen erhöht, wenn systematische Compliance-Maßnahmen des Unternehmens offensiv kommuniziert werden, so dass sich hieraus ein mittelbarer finanzieller Mehrwert ergeben kann.

Darüber hinaus kann der Nachweis sorgfältiger Compliance-Arbeit ein wichtiger Punkt in Verhandlungen mit Banken über die Konditionen einer Fremdfinanzierung sein. Und auch in den Gesprächen mit Versicherungen über die Prämienhöhe einer Haftpflichtversicherung — etwa der Directors & Officers Liability Insurance (D&O-Versicherung) oder einer Betriebshaftpflichtversicherung — kann eine gut aufgestellte Compliance-Organisation als Argument für niedrigere Prämien dienen.

Der Nachweis guter Compliance-Arbeit kann ferner ein wichtiges Kriterium bei der Auswahl für Aufträge der öffentlichen Hand sein. Häufig werden in öffentlichen Ausschreibungen schon jetzt Angaben zum eingerichteten Compliance Management System verlangt.

Engagement und Ausgaben des Unternehmens für Nachhaltigkeit und Corporate Social Responsibility (CSR), also für die Beachtung sozialer Belange durch das Unternehmen, oder im Umweltschutz werden durch professionelle Compliance-Arbeit abgesichert. Denn ein bekannt gewordener Compliance-Verstoß und seine Folgen können schnell das Engagement in diesen Bereichen untergraben.

3.8 Ständige Verbesserung

Eine Organisation befindet sich in einem sich ständig wandelnden Umfeld — z. B. hinsichtlich der anwendbaren gesetzlichen Vorgaben. Sie unterliegt zudem einem kontinuierlichen inneren Veränderungsprozess, der sich etwa aus Änderungen der Organisationsstruktur, der Aufnahme neuer Produkte, dem Eintritt in neue Länder usw. ergibt.

Daher sollte auch die Umsetzung von Compliance-Maßnahmen nicht als einmaliges Projekt, sondern als fortlaufender Anpassungs- und Verbesserungsprozess verstanden werden. Compliance-Vorkehrungen sind also nie „fertig", sondern müssen regelmäßig überprüft und ggf. angepasst und verbessert werden.

Es empfiehlt sich, einen Plan für solche regelmäßigen Evaluationen z. B. durch den Compliance-Verantwortlichen und die Geschäftsführung zu entwickeln.

4 Wie gelingt die Umsetzung im Unternehmen?

4.1 Grundlegende Voraussetzungen

4.1.1 Systematisches Vorgehen

In vielen Organisationen sind bereits Einzelaspekte für eine Compliance umgesetzt, es fehlt aber noch an einer umfassenden Lösung im Sinne eines Compliance Management *Systems*. Häufig werden Compliance-Einzelmaßnahmen lediglich ad hoc als Reaktion auf aktuelle Vorfälle oder Zwänge ergänzt.

Um eine ganzheitliche, professionelle Herangehensweise umzusetzen, muss eine Organisation ein Compliance Management System (CMS) einführen, dokumentieren, aufrechterhalten und dessen Wirksamkeit ständig verbessern. Zu einer solchen systematischen Vorgehensweise zählen u. a. folgende Aspekte:

- Festlegung der einzuhaltenden Prozesse und Verantwortlichkeiten (siehe hierzu sogleich),
- Sicherstellung der Verfügbarkeit von erforderlichen Ressourcen und Informationen,
- Überwachung und Analyse von Prozessen,
- regelmäßige Evaluierung der Wirksamkeit der getroffenen Maßnahmen und
- Ableitung der notwendigen Verbesserungsmaßnahmen (Management Review).

4.1.2 Festlegung der Verantwortlichkeiten

Grundsätzlich ist jeder Mitarbeiter für die Einhaltung von gesetzlichen oder unternehmensinternen Vorgaben verantwortlich. Es empfiehlt sich aber, durch eine eindeutige Zuordnung von Verantwortlichkeiten und Arbeitsanweisungen bzw. Richtlinien sicherzustellen, dass die konkreten Erfordernisse in den Arbeitsprozessen erfüllt werden.

Wie gelingt die Umsetzung im Unternehmen?

Die Definition eindeutiger Verantwortlichkeiten (einschließlich Funktionstrennungen), insbesondere auch die Definition klarer Vertretungs- und Unterschriftsregelungen bzw. -berechtigungen, erschwert Compliance-Verstöße. Die Einführung von klaren Vorgaben zur Verantwortlichkeit und Vertretungsberechtigung dient daneben auch dem Schutz der Mitarbeiter, um diese vor einer eventuellen Haftung als Vertreter ohne Vertretungsmacht zu bewahren.

Die eindeutige Festlegung von Verantwortlichkeiten ist schließlich wichtig, damit die Geschäftsführung belegen kann, ihren Organisationspflichten zur Vermeidung von Gesetzesverstößen nachgekommen zu sein. Von einer Letzt-Überwachungspflicht entbindet dies die Geschäftsführung allerdings nicht.

Die eingerichtete(n) Compliance-Funktion(en), einschließlich evt. bestehender dezentraler Compliance-Verantwortlichkeiten (siehe hierzu auch Kap. 4.8.1.8) sollte(n) sich zudem im Organigramm des Unternehmens wiederfinden.

4.1.3 Umgang mit Interessenskonflikten

Interessenskonflikte liegen vor, wenn die persönlichen oder finanziellen Interessen eines Mitarbeiters nicht mit den Interessen des Unternehmens oder den einzuhaltenden rechtlichen Pflichten übereinstimmen oder die individuellen oder die Unternehmensinteressen nicht identisch mit den Kundeninteressen sind.

Interessenskonflikte können in jedem Unternehmen auftreten. Das Entstehen dieser Konflikte kann zum Teil bereits durch organisatorische Maßnahmen vermieden werden. Dazu zählen z. B. eine angemessene Aufbauorganisation, die Definition von Arbeitsabläufen, funktionale Trennungen, getrennte Räumlichkeiten für bestimmte Bereiche, Zutrittsbeschränkungen und IT-Zugangsberechtigungen.

Bereiche, in denen konflikträchtige Informationen anfallen können, sollten als eigene interne Vertraulichkeitsbereiche eingestuft werden (sog. Chinese Walls). Das bedeutet, dass compliance-relevante Informationen einen Vertraulichkeitsbereich grundsätzlich nicht verlassen und in einem anderen Bereich verwendet werden dürfen (sog. internes Geschäftsgeheimnis).

Ausnahmen von einem solchen Verbot der Informationsweitergabe (sog. Wall Crossing) dürfen dann nur nach vorheriger ausdrücklicher Freigabe durch den Compliance-Verantwortlichen bzw. die Unternehmensleitung und nur im unbedingt erforderlichen Umfang erfolgen. Generell sollten sensible Informationen in einem Unternehmen nur nach dem Need-to-Know-Prinzip solchen Mitarbeitern mitgeteilt werden, die sie für die Durchführung ihrer Aufgaben benötigen.

Allerdings sind nicht alle Interessenskonflikte von vornherein vermeidbar. In jedem Fall fördert ein aktives Aufgreifen und Lösen von Interessenskonflikten die Compliance-Kultur im Unternehmen.

Potenzielle Interessenskonflikte — sowohl im Verhältnis zwischen Unternehmens- und Kundeninteressen als auch im Verhältnis zwischen Mitarbeiter- und Unternehmensinteressen — sollten systematisch analysiert und identifiziert werden. Hierfür ist die Compliance-Funktion des Unternehmens prädestiniert. Die Analyse von potenziellen Interessenskonflikten sollte sich insbesondere auf folgende Themen beziehen:

- operative Abläufe der Geschäftsbereiche,
- Regelung von Verantwortlichkeiten (einschließlich Funktionstrennungen etc.),
- Analyse einzelner Stellenprofile,
- Umgang mit sensiblen Unternehmensinformationen,
- tatsächlicher Informationsfluss im Unternehmen und
- Nebentätigkeitsregelungen (z. B. in den Anstellungsverträgen).

Eine interne Richtlinie zum Umgang mit Interessenskonflikten ist für jedes Unternehmen sinnvoll und hilfreich. Häufig sind diese Hinweise und Regelungen auch in anderen Compliance-Dokumenten (z. B. Ethik-Richtlinie, Verhaltensgrundsätze, Code of Conduct o. Ä.) enthalten. Eine solche Richtlinie, die sich mit dem Umgang mit Interessenskonflikten befasst, sollte insbesondere

- die geltenden Werte des Unternehmens aufführen,
- den Vorrang des Unternehmensinteresses vor Eigeninteressen klar kommunizieren,
- unternehmensspezifische Bereiche, in denen Interessenskonflikte entstehen können, ausdrücklich erwähnen,
- Fallbeispiele und Hilfestellungen geben,
- Ansprechpartner benennen, an die sich Mitarbeiter bei Interessenskonflikten wenden können, und
- auf die möglichen Folgen und Sanktionen bei Verstößen hinweisen.

Diese Richtlinie sollte ferner Ausführungen darüber enthalten, dass

- unvermeidbare Interessenskonflikte, die Kunden betreffen, diesen gegenüber offengelegt werden, und
- die Entscheidung des Kunden eingeholt wird, wie er weiter verfahren möchte.

Wie gelingt die Umsetzung im Unternehmen?

Für Wertpapierdienstleistungsunternehmen ist die Pflicht, sich um die Vermeidung von Interessenskonflikten zu bemühen und vor Durchführung von Geschäften für Kunden diesen die allgemeine Art und Herkunft der Interessenskonflikte eindeutig darzulegen, soweit die getroffenen organisatorischen Vorkehrungen nicht ausreichen, um das Risiko der Beeinträchtigung von Kundeninteressen zu vermeiden, ausdrücklich normiert (vgl. § 31 Abs. 1 Nr. 2 WpHG). Für bestimmte Bereiche (z. B. Finanzanalyse, § 34b Abs. 1 WpHG) ist die vorvertragliche Aufklärung zu oder Offenlegung von Interessenskonflikten gesetzlich vorgeschrieben.

Aber auch ohne gesetzliche Regelung sollte der Grundsatz, dass (potenzielle) Interessenskonflikte dem Kunden vor einem Vertragsschluss offengelegt werden, beachtet werden. Nur so kann das Vertrauen der Kunden in das Unternehmen als Basis für eine nachhaltige Geschäftstätigkeit aufrechterhalten werden.

Für Beschäftigte, die sich bei (potenziellen) Interessenskonflikten oder in ethischen Dilemma-Situationen beraten lassen möchten, sollten eine Anlaufstelle im Unternehmen oder sonstige institutionalisierte Hilfsangebote eingerichtet werden (z. B. Compliance-Hotline, Compliance-Helpdesk, siehe auch Kap. 4.8.6). Beschäftigte mit Personalführungsverantwortung sollten im Umgang mit Interessenskonflikten geschult sein und ihren Mitarbeitern auf Wunsch für eine entsprechende Beratung zur Verfügung stehen.

> **! ACHTUNG**
>
> Ist das Unternehmen durch seine innere Organisationsstruktur dafür ursächlich, dass Mitarbeiter in einen erheblichen Interessenskonflikt kommen, können vom Unternehmen ausgesprochene (fristlose) Kündigungen unwirksam sein, wenn Mitarbeiter gegen Vorgaben verstoßen haben.
> Dies ist etwa der Fall, wenn ein Arbeitnehmer zwar auf die im Unternehmen geltende Anti-Korruptionsrichtlinie hingewiesen wurde, die ein bestimmtes Verhalten untersagt, bei dem fraglichen Arbeitnehmer aber der Eindruck entstanden ist, die Geschäftsleitung billige sein eigenes Verhalten und das des Vorgesetzten. In einem solchen Fall kann eine (Verdachts-)Kündigung unwirksam sein, auch wenn der Verstoß als solcher grundsätzlich eine arbeitgeberseitige Kündigung rechtfertigen würde.

4.2 Erste Umsetzungsschritte

Die ersten Schritte zur Schaffung eines Compliance Management Systems sollten folgende Maßnahmen umfassen:

1. Analyse und Kommunikation der geltenden Vorschriften,
2. Vornahme einer Compliance-Risikoanalyse,
3. Durchführung einer Bestandsaufnahme,
4. Ableitung der nächsten Handlungsschritte als Ergebnis der Bestandsaufnahme und Compliance-Risikoanalyse im Vergleich zu den identifizierten notwendigen Maßnahmen,
5. Aufstellung und Umsetzung eines Zeit- und Maßnahmenplans,
6. ergänzende Maßnahmen zur Schaffung einer guten Compliance-Kultur (siehe dazu bereits oben).

4.3 Analyse und Kommunikation der geltenden Vorschriften

Um die Einhaltung aller anwendbaren rechtlichen Vorschriften (Compliance) überhaupt erst möglich zu machen, müssen die relevanten Vorschriften ermittelt und den betroffenen Mitarbeitern inhaltlich bekannt gemacht werden. Das Unternehmen bzw. der Konzern ist bei seinen Aktivitäten in der Regel nicht nur von der nationalen Gesetzgebung, sondern auch von supranationaler Gesetzgebung (z. B. der Europäischen Union) und ausländischer Gesetzgebung betroffen.

Neben Gesetzen sind behördliche Rechtsakte (Verwaltungsakte), die jeweilige Rechtsprechung, ggf. auch diejenige ausländischer Gerichte, falls Auslandsaktivitäten bestehen, und ggf. Branchen- oder Verbands-Kodices zu beachten. Diese rechtlichen Rahmenbedingungen sind ständig im Fluss.

Daher ist es wichtig, dass alle Entwicklungen im Regelungsumfeld — national und international — systematisch beobachtet, hinsichtlich der Auswirkungen auf das Unternehmen analysiert und rechtzeitig umgesetzt werden.

Es kann sich empfehlen, die anwendbaren Vorgaben in einem sog. Rechtskataster festzuhalten, das jeweils für die betroffenen Bereiche des Unternehmens die zu beachtenden rechtlichen Vorgaben auflistet. Die Aufgabe zur Erstellung und Aktualisierung eines Rechtskatasters ist ausdrücklich zu definieren (z. B. als Teil

Wie gelingt die Umsetzung im Unternehmen?

der Stellenbeschreibung des Compliance-Verantwortlichen oder der Aufgabenbeschreibung der Rechtsabteilung). Häufig unterstützen auch Verbände bei der Analyse dieser Entwicklungen und informieren ihre Mitgliedsunternehmen. Mangelt es an internen Ressourcen oder an Zusammenstellungen durch Verbände, kann es sich anbieten, eine externe Kanzlei mit einer kontinuierlichen Beobachtung des relevanten rechtlichen Umfeldes zu beauftragen.

4.4 Compliance-Risikoanalyse

Neben der Durchführung einer Analyse der anwendbaren Vorschriften (vgl. Kap. 4.3) sollte eine Compliance-Risikoanalyse durchgeführt werden (Compliance Risk Assessment). Besondere Risikofelder, denen dabei Aufmerksamkeit geschenkt werden sollte, können u. a. sein:

- spezifische Produkt- und Branchenrisiken,
- Besonderheiten des Tagesgeschäfts, bestimmte Geschäftspraktiken und Usancen,
- Zusammenarbeit mit externen Vertriebspartnern und Beratern (einschließlich Lobbyisten),
- Kontakt mit (Hoch-)Risikoländern; das sind insbesondere Länder mit hoher Korruptionsneigung, schlecht funktionierender öffentlicher Verwaltung, Embargoländer, Steueroasen o. Ä.,
- Tätigkeit in einem oligopolistischen oder monopolistischen Markt (Anfälligkeit für kartellrechtswidrige Absprachen),
- Teilnahme an öffentlichen Ausschreibungen (Risiko von Submissionsabsprachen),
- Umgang mit großen Einkaufsvolumina (Korruptionsrisiken),
- Berührungspunkte zu Ländern mit hohem Prozessrisiko; das können z. B. Rechtssysteme sein, in denen Strafschadensersatz verhängt werden kann, sog. Punitive Damages,
- Nutzung von Arbeitnehmerüberlassung oder Werkverträgen mit Outsourcing-Dienstleistern.

Aufgrund personeller Veränderungen, neuer Zuständigkeiten, Veränderungen der geltenden rechtlichen Bestimmungen oder der Expansion in neue Märkte können sich neue Risiken ergeben. Daher ist eine regelmäßige, systematische Überprüfung und Aktualisierung der Analyse, welche besonderen Compliance-Risiken das Unternehmen bzw. den Konzern aktuell betreffen, notwendig (Compliance Risk Monitoring). Die hierfür verantwortlichen Personen sollten ausdrücklich bestimmt werden.

Die regelmäßigen, systematischen Compliance-Risikoanalysen sollten in formelle Berichte (Compliance Risk Assessment Reports) einfließen, die der Unternehmensleitung (Geschäftsführung, Vorstand, Compliance Board o. Ä.) zur Verfügung gestellt werden, damit die Angemessenheit der existierenden Compliance-Maßnahmen und eventueller Handlungsbedarf beurteilt werden können. Eine zusätzliche optische Darstellung in einer entsprechend dem identifizierten Risiko farblich aufgegliederten Risiko-Matrix (z. B. nach Themenfeldern wie Arbeitsrecht, Korruption, Kartellrecht, Exportkontrolle, Produktsicherheit etc.) kann die Übersichtlichkeit fördern.

Die Einführung von risikobasierten Maßnahmen ist teilweise ausdrücklich gesetzlich vorgeschrieben (vgl. §§ 3 Abs. 4, 4 Abs. 1 und 5, 5 Abs. 1 und 3, 6 Abs. 1 und 2 Nr. 1, 3 und 4 und § 9 Abs. 2 Nr. 4 GwG).

4.5 Bestandsaufnahme der bereits bestehenden Compliance-Maßnahmen

In einer Bestandsaufnahme sollten die bereits vorhandenen Compliance-Maßnahmen (z. B. Freigabe- und Unterschriftenregelung, Verhaltenskodex, Benennung eines Exportkontrollsachbearbeiters) zunächst vollständig zusammengestellt werden. Anschließend sollte der weitere Handlungsbedarf mit Blick auf die Einführung eines umfassenden Compliance Management Systems auf der Basis der Analyse der anwendbaren Vorschriften und der ermittelten spezifischen Compliance-Risiken des Unternehmens abgeleitet werden.

4.6 Zeit- und Maßnahmenplan

Aus einem Abgleich der existierenden Compliance-Maßnahmen mit den für ein umfassendes Compliance Management System notwendigen Maßnahmen (Gap Analysis), sollte für die weiteren Umsetzungsschritte ein Maßnahmenplan entwickelt werden (Compliance Action Plan). Neben den geplanten Maßnahmen sollte dieser auch die Verantwortlichkeiten für die Erarbeitung und Implementierung sowie Zeitvorgaben enthalten.

Es empfiehlt sich, dass ein solcher Compliance-Maßnahmenplan von der Geschäftsführung und ggf. den Gesellschaftern ausdrücklich verabschiedet wird. Dieser Beschluss sollte dokumentiert werden, um die Wahrnehmung der Organisations- und Aufsichtsverantwortung belegen zu können.

Wie gelingt die Umsetzung im Unternehmen?

Nicht alle in einem solchen Plan aufgeführten Maßnahmen können zeitgleich erarbeitet und eingeführt werden. Ein sukzessives Vorgehen ist legitim und wichtiges Indiz für die Erfüllung der Organisations- und Aufsichtspflichten der Geschäftsleitung, wenn ein planvolles Herangehen an die Schaffung eines Compliance Management Systems erkennbar ist.

4.7 Inhaltliche Compliance-Vorgaben

4.7.1 Richtlinien, Kodices, Arbeitsanweisungen

Wesentlicher Bestandteil von Compliance sind klare inhaltliche Compliance-Vorgaben, die etwa in Form von Unternehmens- bzw. Konzernrichtlinien, eines Compliance-Handbuches, eines Verhaltens- und Ethikkodex (häufig ergänzt durch spezielle Compliance-Richtlinien) vorliegen können. In manchen Fällen ist die Einführung von ausdrücklichen Verhaltensrichtlinien vorgeschrieben (z. B. für börsennotierte Unternehmen in den USA).

Empfehlenswert kann die Einbettung wesentlicher Compliance-Grundaussagen in die Unternehmenswerte sein, um dadurch den Stellenwert und die Bedeutung von Compliance zu unterstreichen. Hierdurch wird zum einen vermieden, dass Compliance-Vorgaben als isolierte administrative Maßnahme und nicht als Teil der grundlegenden Unternehmenswerte angesehen werden. Zum anderen ist dies auch eine Gelegenheit für die Unternehmensleitung, ihr klares Bekenntnis zu Compliance zu äußern (siehe auch Kap. 3.6). Ein solches Bekenntnis kann etwa wie folgt formuliert werden:

> **BEISPIEL**
>
> „Wir führen unsere Geschäftstätigkeit im Einklang mit den anwendbaren Gesetzen und Regelungen durch. Die Beachtung dieses Grundsatzes liegt auch im langfristigen Interesse des Unternehmens und ist die Grundlage einer nachhaltigen Unternehmensentwicklung sowie der Sicherung der Arbeitsplätze. Die Verletzung rechtlicher Vorgaben kann sowohl für das Unternehmen als auch für den Einzelnen erhebliche Folgen in Form von Geldbußen, Strafen und Rufschädigung nach sich ziehen. Die Einhaltung aller Vorgaben liegt in der Verantwortung jedes Einzelnen. Die Geschäftsleitung wird hinsichtlich jeglicher Verstöße eine ‚Null-Toleranz-Politik' verfolgen."

4 Inhaltliche Compliance-Vorgaben

Verständlich und jederzeit zugänglich

Compliance-Regelungen des Unternehmens sollten durchgängig in verständlicher Sprache geschrieben sein. Sie sollten allgemein kommuniziert werden und jederzeit zugänglich sein (z. B. durch Einstellung in das unternehmens- bzw. konzernweite Intranet).

Mindestinhalte

Die Compliance-Regelungen sollten — neben einem grundsätzlichen Bekenntnis zu regeltreuem Verhalten — insbesondere enthalten:

- Anwendungsbereich der Compliance-Regelungen,
- Behandlung einzelner Themenbereiche (z. B. Umgang mit Interessenskonflikten, Korruptionsvermeidung, Vermeidung von Kartellverstößen, Einhaltung von Embargos und Handelsbeschränkungen etc.),
- Beschreibung der Compliance-Organisation und Nennung der Compliance-Ansprechpartner samt Kontaktdaten,
- Beschreibung der Anlaufstellen für Compliance-Themen (Compliance-Hotline, Compliance-Helpdesk o. Ä.),
- ggf. Befugnisse des Compliance-Verantwortlichen,
- Hinweise auf Folgen der Nichteinhaltung der Regelungen (Sanktionen).

Geltung für Mitarbeiter und Manager

Viele Compliance-Regeln gelten für Mitarbeiter und Manager unmittelbar, etwa aufgrund zwingender gesetzlicher Bestimmungen, beispielsweise die strafrechtlichen Regelungen zu Bestechung oder Bestechlichkeit und die Kartellverbote. In diesen Fällen kann es sich empfehlen, die Mitarbeiter auf die anwendbaren nationalen und internationalen gesetzlichen Normen hinzuweisen und diese näher zu erläutern.

Andere Compliance-Regeln sind vom Unternehmen selbst definiert (z. B. Wertgrenzen für die Annahme von Geschenken von Geschäftspartnern) und müssen zu ihrer Wirksamkeit rechtsverbindlich gemacht werden. Dies kann auf unterschiedliche Weise — auch in Abhängigkeit des jeweiligen Themas — geschehen (z. B. ausdrückliche Bezugnahme im Individualarbeitsvertrag, in kollektivrechtlichen Regelungen, durch Weisungsrecht). Häufig wird es sich empfehlen, die Aushändigung und Anerkennung der Compliance-Regelungen des Unternehmens von neu eingetretenen Personen gegenzeichnen zu lassen und diese Erklärungen (z. B. in der Personalakte) zu dokumentieren.

Wie gelingt die Umsetzung im Unternehmen?

Sanktionen

Die Compliance-Regelungen des Unternehmens sollten auch über eventuelle Sanktionen bei Verstößen gegen die Verhaltenspflichten aufklären, um drohende Folgen transparent zu machen. Häufig machen sich Betroffene angesichts der Erzielung eines schnellen Vorteils nicht klar, welche weitreichenden, z. B. strafrechtlichen oder arbeitsrechtlichen Folgen Verstöße auch für sie persönlich haben können — neben den negativen Folgen für das Unternehmen.

Mitbestimmungsrechte

Bei der Einführung von Compliance-Richtlinien, Ethik- und Verhaltensgrundsätzen o. Ä. sind bestehende Mitbestimmungsrechte der Arbeitnehmervertretungen zu beachten (z. B. bei Einrichtung einer Compliance-Whistleblowing-Hotline, die die anonyme Meldung von Compliance-Fällen möglich macht).

Konzernweite Geltung

Da Compliance eine konzernweite Verantwortung der Unternehmensleitung ist, genügt es nicht, dass die Geschäftsführung Compliance-Maßnahmen nur in derjenigen Gesellschaft einführt, bei der sie die Organfunktion selbst ausübt. Vielmehr sind alle Konzerngesellschaften in das Compliance-Programm einzubeziehen. Gemäß Ziffer 4.1.3 des Deutschen Corporate Governance Kodex hat der Vorstand für die Einhaltung der gesetzlichen Bestimmungen und der unternehmensinternen Richtlinien zu sorgen und wirkt auf deren Beachtung durch die Konzernunternehmen hin (Compliance). Idealerweise gilt konzernweit grundsätzlich ein einheitliches Compliance-Programm, wobei den Besonderheiten der verschiedenen nationalen Rechtsordnungen Rechnung zu tragen ist.

Umgang mit Aktualisierungen

Wegen des sich ständig ändernden nationalen und internationalen regulatorischen Umfelds gehört zu einer angemessenen Compliance-Organisation auch die systematische und regelmäßige Aktualisierung der geltenden unternehmensinternen Compliance-Richtlinien. Bei den Compliance-Richtlinien sollten immer Revisionsstände vermerkt sein, um Mitarbeitern die Feststellung zu erleichtern, ob sie über den aktuell gültigen Stand verfügen. Ältere Versionen von Compliance-Richtlinien sollen archiviert werden, um rekonstruieren zu können, welche Vorgaben zu einem bestimmten Zeitpunkt tatsächlich galten und wie die Mitarbeiter darüber unterrichtet wurden.

Auch wichtige Änderungen an den Compliance-Vorgaben müssen allen betroffenen Mitarbeitern und Managern kommuniziert werden.

4.7.2 Freigabe- und Unterschriftsregelungen

Die Definition klarer Vertretungs- und Unterschriftsregeln bzw. Unterschriftsberechtigungen erschwert die Begehung von Compliance-Verstößen. Die Einführung von klaren Vorgaben zur Vertretungsberechtigung dient ferner dem Schutz der Mitarbeiter.

Empfehlenswert ist es, ein generelles Vier-Augen-Prinzip für Unterschriften einzuführen, wonach für rechtsverbindliche Erklärungen (mindestens) die Unterschriften von zwei Personen vorliegen müssen. Die satzungsmäßigen Regelungen des Unternehmens, die häufig ebenfalls ein Vier-Augen-Prinzip für die Vertretung der Gesellschaft vorsehen, sind zu beachten.

Wichtig ist es, die geltenden Unterschriftsregelungen bzw. Vertretungsberechtigungen in der Organisation zu kommunizieren — einschließlich der Erwartung, dass diese in der täglichen Arbeit eingehalten werden. Den Beteiligten sollte erläutert werden, ob bzw. wie Unterschriften zu zeichnen sind — etwa mit dem Zusatz „i.V." („in Vertretung"), „ppa." („per procura") oder ohne Zusatz im Falle der gesetzlichen Vertretung durch Vorstände oder Geschäftsführer.

4.7.3 Prozessdefinitionen, Arbeitshilfen, Checklists

Compliance-Vorgaben sollen nicht nur in abstrakten Regelungen enthalten sein (z. B. in einem Verhaltenskodex), sondern auch durch Prozessdefinitionen (Rules of Procedure) ergänzt werden, damit die Vorgaben besser in den Geschäftsprozessen umgesetzt werden. Konkrete Arbeitshilfen und Checklisten erleichtern Mitarbeitern die regeltreue Umsetzung bei den täglichen Arbeitsabläufen (z. B. Ablaufplan für die Prüfung und Meldung von Geldwäscheverdachtsfällen, Prüfkriterien für eine Geschäftspartnerprüfung).

Hilfreich ist es hierbei, den Mitarbeitern zugleich den Sinn der vorgegebenen Maßnahmen vor Augen zu führen. Werden die Compliance-Vorgaben nur als administratives Hindernis wahrgenommen, so ist es wahrscheinlicher, dass sie in der Praxis ignoriert werden.

Wie gelingt die Umsetzung im Unternehmen?

4.8 Die Compliance-Organisation

Die Schaffung einer angemessenen Compliance-Organisation, die insbesondere die Art der Geschäftstätigkeit, die Größe und Struktur des Unternehmens berücksichtigt, ist originäre Führungsverantwortung der Unternehmensleitung. Die konkrete Ausgestaltung einer passenden Compliance-Organisation ist unternehmens-, branchen- und produktspezifisch.

Die Letzt-Überwachungspflicht der Geschäftsführung hinsichtlich der Einhaltung geltender Gesetze ist zwar nicht delegierbar. Außerhalb dieses Bereichs können Compliance-Aufgaben aber wirksam übertragen (delegiert) werden.

Um eine eindeutige Delegation zu erreichen, empfiehlt sich eine genaue Beschreibung der Stellung, Aufgaben und Verantwortlichkeiten des Compliance-Verantwortlichen, z. B. in einer Stellenbeschreibung oder im Anstellungsvertrag selbst.

> **ARBEITSHILFE ONLINE**
>
> **CHECKLISTE: Aufgaben- und Stellenbeschreibung Compliance-Verantwortlicher**
>
> Unter http://arbeitshilfen.haufe.de/ können Sie eine Checkliste zur Aufgaben- und Stellenbeschreibung für den Compliance-Verantwortlichen abrufen.

Um die Aufrechterhaltung und Funktionsfähigkeit des Compliance Management Systems sicherzustellen, sollten

- das Compliance Management System selbst,
- seine Bestandteile (z. B. Prozessbeschreibungen, Freigabe- und Unterschriftserfordernisse),
- Verantwortlichkeiten und
- Audit-Ergebnisse etc.

dokumentiert und transparent gemacht werden. Auch der Umgang mit dieser Dokumentation sollte definiert werden (Aktualisierungen, Verteilung von Dokumenten, Aufbewahrungspflichten etc.).

Nachfolgend werden typische Elemente einer Compliance-Organisation erläutert.

4.8.1 Compliance-Verantwortliche

Die Schaffung einer eigenen Compliance-Zuständigkeit im Unternehmen ist nicht gesetzlich vorgeschrieben. Ausnahmen bestehen für bestimmte Bereiche (z. B. in § 33 Abs. 1 WpHG für Wertpapierdienstleistungsunternehmen, § 9 Abs. 2 Nr. 1 GwG hinsichtlich der verbindlichen Einsetzung eines Geldwäschebeauftragten, § 4f BDSG).

Die Schaffung einer solchen ausdrücklichen Compliance-Zuständigkeit ist in der Regel aber sinnvoll, auch wenn keine spezialgesetzliche Norm dies vorgibt.

Nicht immer wird eine solche Funktion unabhängig von anderen Zuständigkeiten geschaffen. Häufig werden bestimmte Compliance-Aufgaben auch bei anderen Funktionen angesiedelt, z. B. bei der

- Rechtsabteilung (insbesondere hinsichtlich der Frage, welche rechtlichen Rahmenbedingungen gelten),
- Personal- oder Organisationsabteilung (etwa für Fragen der Arbeitssicherheit, der Arbeitnehmerüberlassung, des Vorliegens von Aufenthalts- und Arbeitserlaubnissen etc.),
- Revisionsabteilung (z. B. für die Durchführung von Überprüfungen/Audits) oder
- Investor Relations-Abteilung (für kapitalmarktrelevante Compliance-Pflichten).

TIPP

Bei der Entscheidung, welcher Funktion die entsprechenden Compliance-Aufgaben zuzuordnen sind, sind insbesondere die Sachnähe zu den inhaltlichen Themen und der Aspekt, dass eine einheitliche Zuordnung von Compliance-Themen zu einer zentralen Funktion wünschenswert sein kann, zu berücksichtigen.

4.8.1.1 Standing des Compliance-Verantwortlichen

Dem Compliance-Verantwortlichen muss es möglich sein, seine Compliance-Aufgaben verantwortlich wahrnehmen zu können. Nicht nur formell (z. B. im Organigramm), sondern auch faktisch muss die Compliance-Funktion im Unternehmen auf einer Ebene angesiedelt sein, die nach innen und außen die objektive Bedeutung des Themas und zugleich die subjektive Relevanz, die die Unternehmensleitung dem Thema beimisst, widerspiegeln.

Wie gelingt die Umsetzung im Unternehmen?

Für eine effektive Compliance-Arbeit ist die Unabhängigkeit des Compliance-Verantwortlichen wichtig. Sie muss in hierarchischer, disziplinarischer und organisatorischer Hinsicht gegeben sein. Inhärente Interessenskonflikte mit der gleichzeitigen Zuweisung anderer Aufgaben müssen ausgeschlossen sein. Insbesondere sollte der Compliance-Verantwortliche nicht zugleich einem operativen Umsatz- oder Ergebnisdruck unterliegen.

Darüber hinaus soll der Compliance-Verantwortliche aus eigener Initiative Themen aufgreifen, Verstößen nachgehen, Berichte erstellen und vorlegen, Ansprechpartner eigenständig kontaktieren und Eskalationswege auswählen können. Die Unabhängigkeit der Compliance-Verantwortlichen hinsichtlich der Wahrnehmung ihrer Compliance-Aufgaben sollte dokumentiert werden (z. B. in der Aufgaben- und Stellenbeschreibung).

Für bestimmte Themen kann bzw. sollte die Einbindung der Compliance-Funktion verbindlich vorgesehen werden — unter Umständen kombiniert mit einem Einspruchs-/Vetorecht des Compliance-Verantwortlichen, so z. B. bei Kundeneinladungen zur Produktabnahme.

Mit der Aufnahme in das Organisationschart des Unternehmens wird die eigenständige Bedeutung der Compliance-Funktion im Unternehmen unterstrichen.

4.8.1.2 Ausschluss von Interessenskonflikten

Hat der Compliance-Verantwortliche zugleich andere Aufgaben im Unternehmen, die Umsatz- bzw. Ergebnisverantwortung mit sich bringen, können Interessens- oder Zielkonflikte zwischen der Compliance-Funktion und der weiteren Aufgabenstellung entstehen. Dasselbe gilt, wenn der Compliance-Verantwortliche zugleich andere fachliche Funktionen wahrnehmen muss.

In der operativen bzw. fachlichen Linienverantwortung besteht zudem in der Regel eine andere Berichtslinie als in der Funktion als Compliance-Verantwortlicher. Daraus können sich Loyalitätskonflikte ergeben.

Empfehlenswert ist es daher, mit der Funktion „Compliance" im Unternehmen Personen zu beauftragen, die nicht zugleich operative Verantwortung für das Geschäft, sonstige Erfolgs- oder Umsatzverantwortung tragen oder weitere funktionale Aufgaben (z. B. in der Buchhaltung oder im Controlling) haben.

Um den präventiven und beratenden Charakter der Compliance-Funktion zu unterstreichen, kann sich auch eine funktionale Trennung von der Revisionsfunktion empfehlen.

4.8.1.3 Qualifikation

Die sorgfältige Auswahl geeigneter Mitarbeiter, die Compliance-Funktionen übernehmen, gehört mit zur Geschäftsleitungsverantwortung der Unternehmensleitung. Eine sorgfältige Auswahl geeigneter Personen für diese Funktion kann von eventuellen Haftungsvorwürfen entlasten.

Welche Ausbildung und welcher Erfahrungshintergrund für die Wahrnehmung einer Compliance-Funktion geeignet sind, ist im Einzelfall unterschiedlich. Gute Kenntnisse der operativen Abläufe, der Geschäftstätigkeiten des Unternehmens sowie der Unternehmens- bzw. Konzernorganisation sind wichtig. Dies gilt gleichermaßen für Kenntnisse zu rechtlichen und betriebswirtschaftlichen Themen. Wenn mehrere Personen im Unternehmen mit Compliance-Aufgaben betraut sind, ist eine Mischung an Ausbildungs- und Erfahrungshintergründen empfehlenswert. Hinsichtlich der Persönlichkeit der auszuwählenden Person sind deren Integrität, Neutralität, Kommunikations- und Durchsetzungsfähigkeiten ausschlaggebend.

In bestimmten Bereich gelten gesetzliche Sonderregelungen für die Bestellung der zuständigen Personen: Für Wertpapierdienstleistungsunternehmen ist ausdrücklich vorgeschrieben, dass eine Person als Compliance-Beauftragte nur eingesetzt werden darf, wenn sie sachkundig ist und über die für die Tätigkeit erforderliche Zuverlässigkeit verfügt (vgl. § 34d Abs. 3 WpHG). Zum Datenschutzbeauftragten darf nur bestellt werden, wer die zur Erfüllung seiner Aufgaben erforderliche Fachkunde und Zuverlässigkeit besitzt (vgl. § 4f Abs. 2 BSDG).

4.8.1.4 Berichtslinie

Darüber hinaus soll eine direkte Berichtsmöglichkeit an die Leitungsebene sichergestellt sein — in der Regel direkt zur Geschäftsführung bzw. zum Vorstand. Innerhalb der Geschäftsführung bzw. des Vorstands wird die Zuständigkeit in der Praxis meist beim Vorsitzenden (CEO) oder Finanz-Geschäftsführer (CFO) angesiedelt.

Die Berichtslinie sollte ausdrücklich definiert und (z. B. in der Aufgaben- und Stellenbeschreibung des Compliance-Verantwortlichen) dokumentiert werden. Zugleich sollte es dem Compliance-Verantwortlichen möglich sein, eine andere

Wie gelingt die Umsetzung im Unternehmen?

Berichtslinie — etwa gegenüber den Gesellschaftern oder dem Aufsichtsrat — zu wählen, wenn das Compliance-Problem gerade mit der Person, an die er normalerweise berichten soll, zusammenhängt.

In bestimmten Bereichen gibt es gesetzliche Vorgaben hinsichtlich der Stellung und Berichtslinie: So verlangt z. B. § 4f Abs. 3 Satz 1 BSDG, dass der Datenschutzbeauftragte unmittelbar „dem Leiter" des Unternehmens unterstellt ist, wobei auch eine Zuordnung zu einem bestimmten Vorstands- oder Geschäftsführungsmitglied möglich ist. Ein gem. § 9 Abs. 2 Nr. 1 GwG von bestimmten, nach dem Geldwäschegesetz „Verpflichteten" zu bestellender Geldwäschebeauftragter muss unmittelbar der Geschäftsleitung nachgeordnet sein.

4.8.1.5 Ressourcen und Budget

Die ausreichende Ausstattung der Compliance-Funktion mit Budget und personellen Ressourcen ist ein wichtiges Element der angemessenen Organisation und Voraussetzung für die Unabhängigkeit der Compliance-Funktion. Die Ressourcen dürfen sich allerdings nicht auf eine Erstausstattung oder Minimalaufgaben beschränken, sondern sollen es dem bzw. den Compliance-Verantwortlichen auch ermöglichen, Verbesserungen umzusetzen, Schulungen und (außerplanmäßige) Audits zu organisieren und einen Austausch mit anderen Unternehmen vorzunehmen. Die Ausstattung mit Ressourcen sollte in gewissen Abständen auf ihre Angemessenheit hin überprüft werden.

4.8.1.6 Zugang zu internem oder externem Rechtsrat

Viele Compliance-Themen werfen rechtliche Fragestellungen auf (z. B. zum Anwendungsbereich von bestimmten Gesetzen, hinsichtlich der arbeitsrechtlich verbindlichen Einführung von Compliance-Standards, der rechtlich gebotenen Einbeziehung der Arbeitnehmervertretungen etc.). Daher ist es wichtig, dass der Compliance-Verantwortliche bei Bedarf Zugang zu rechtlichem Rat hat, um seine Aufgaben erfüllen zu können, soweit er nicht selbst umfassende rechtliche Vorkenntnisse aufweist.

Auch für die Ausarbeitung bzw. Einführung von Compliance-Standards und -Richtlinien sollte rechtliche Unterstützung hinzugezogen werden können. Diese Unterstützung kann durch eine interne Rechtsabteilung geleistet werden, wenn vorhanden; anderenfalls sollte bei Bedarf auf externen Rechtsrat zugegriffen werden können.

4.8.1.7 Aufgaben des Compliance-Verantwortlichen

Der Compliance-Verantwortliche ist die erste Anlaufstelle für alle Mitarbeiter und Führungskräfte, die Beratung und Unterstützung zu Compliance-Angelegenheiten benötigen. Er erteilt individuelle Auskünfte und Ratschläge zu den gültigen Richtlinien. Er ist darüber hinaus dafür verantwortlich, Rückmeldungen aus der Organisation hinsichtlich einzelner oder genereller Compliance-Angelegenheiten aufzugreifen und der Geschäftsleitung zur Kenntnis zu geben. Der Compliance-Verantwortliche pflegt ferner den Kontakt mit der Arbeitnehmervertretung (z. B. dem Betriebsrat oder Gesamtbetriebsrat) zu Compliance-Angelegenheiten. Er berichtet direkt der Unternehmensleitung über seine Arbeit, den Handlungsbedarf im Bereich von Compliance, Ergebnisse von durchgeführten Compliance-Prüfungen etc.

Es empfiehlt sich, Aufgaben, Stellung, Pflichten und Befugnisse des Compliance-Verantwortlichen in einer Aufgaben- und Stellenbeschreibung ausdrücklich zu definieren.

> **ARBEITSHILFE ONLINE**
>
> **CHECKLISTE: Aufgaben- und Stellenbeschreibung Compliance-Verantwortlicher**
>
> Unter http://arbeitshilfen.haufe.de/ können Sie Regelungsthemen einer Aufgaben- und Stellenbeschreibung für den Compliance-Verantwortlichen abrufen.

4.8.1.8 Zentrale und dezentrale Compliance-Beauftragte

Viele Unternehmen setzen zusätzlich zu den Hauptverantwortlichen für Compliance dezentrale Compliance-Verantwortliche im Konzern ein, die in ihrem funktionalen oder operativen Bereich die Umsetzung der Compliance-Vorgaben fördern, schulen und überwachen sollen. Es kann sich auch empfehlen, solche Verantwortliche in inländischen Tochter- und ausländischen Landesgesellschaften einzusetzen, die vor Ort als erste Ansprechpartner für Compliance-Fragen zur Verfügung stehen. Diese sollten an die zentrale Compliance-Organisation angebunden sein und an diese berichten.

Auch die Rolle und Aufgaben der dezentralen Compliance-Beauftragten sollten klar definiert sein (z. B. in einem Compliance- oder Organisationshandbuch).

Wie gelingt die Umsetzung im Unternehmen?

4.8.1.9 Externe Compliance-Beauftragte

Bestimmte Aufgaben einer Compliance-Organisation können im Wege des Outsourcings ausgelagert werden (z. B. externer Datenschutzbeauftragter). Vereinzelt sieht das Gesetz ausdrücklich die Möglichkeit einer Auslagerung vor, wie z. B. die Einschaltung Dritter für die Erfüllung der geldwäscherechtlichen Sorgfaltspflichten (vgl. § 7 GwG hinsichtlich eines externen Geldwäschebeauftragten).

Auch in solchen Fällen bleibt die Verantwortlichkeit für Compliance aber bei der Unternehmensleitung, insbesondere auch bei der Pflicht zur Überwachung dieser externen Funktion (vgl. ausdrücklich § 7 Abs. 2 GwG oder §§ 11 Abs. 1, 3 Abs. 7 BDSG).

4.8.2 Vorfallsmanagement & Dokumentation

Alle Vorgänge, mit denen der Compliance-Verantwortliche befasst ist, sollten systematisch erfasst und dokumentiert werden (sog. Vorfallsmanagement, Case Handling). Dazu zählen u. a.:

- Anfragen von Mitarbeitern zu Compliance-Themen,
- Meldungen von Mitarbeitern hinsichtlich der Annahme von Geschenken oder geldwerten Vorteilen (z. B. Einladungen),
- Gewährung von persönlichen Vorteilen an Dritte und
- gemeldete Compliance-Verstöße oder -Verdachtsfälle.

Zu einer vollständigen Dokumentation gehören u. a.:

- Zeitpunkt der Informationserlangung (z. B. wann die Compliance-Hotline wegen eines bestimmten Vorgangs angerufen wurde),
- Beschreibung des Vorgangs bzw. Vorwurfs,
- Analyse möglicher Auswirkungen (Bußgelder, Haftung, Verlust der Kundenbeziehung oder des Auftrags etc.),
- welche Personen informiert werden müssen bzw. informiert wurden,
- erste grundsätzliche Beurteilung und Einstufung des Vorgangs,
- Behandlung des Vorgangs im Compliance Board, in der Geschäftsführung o. Ä.,
- welche Maßnahmen ergriffen wurden,
- zu welchem Zeitpunkt Maßnahmen veranlasst bzw. ergriffen wurden,
- ob das Thema erledigt ist oder ob Folgemaßnahmen sinnvoll bzw. notwendig sind,
- ob evt. Sanktionen angewendet wurden und
- eine abschließende Gesamtdokumentation des Vorgangs und seiner Lösung.

Durch eine umfassende Dokumentation wird gewährleistet, dass die Wahrnehmung der Organisations- und Aufsichtspflichten nachgewiesen werden kann. Dies ist insbesondere mit Blick auf Haftpflichtprozesse gegen Organmitglieder wichtig, da bei diesen aufgrund der Beweislastumkehr (vgl. § 93 Abs. 2 Satz 2 AktG) grundsätzlich das Vorstandsmitglied verpflichtet ist, die Einhaltung der Sorgfaltspflichten zu beweisen. Die Dokumentation dient auch der Selbstkontrolle des Handelnden durch erneute Reflexion der Entscheidungen und Möglichkeiten zur Qualitätssteigerung.

Verschiedene Bestimmungen verlangen eine Dokumentation ausdrücklich — wie beispielsweise § 8 GwG hinsichtlich der Durchführung der geldwäscherechtlichen Sorgfaltspflichten oder § 11 Abs. 2 BDSG hinsichtlich des Ergebnisses der Überprüfung eines externen Auftragsdatenverarbeiters.

4.8.3 Befassung der Unternehmensorgane mit Compliance

Die Unternehmensorgane (Geschäftsführung, Aufsichtsrat) sollten sich regelmäßig mit Compliance-Angelegenheiten befassen. In ihren Sitzungen sollten sie sich über Compliance-Themen (aktuelle Vorkommnisse, durchgeführte Schulungen, Verbesserungsbedarf etc.) informieren lassen und eine eigene Einschätzung treffen, ob die umgesetzten Maßnahmen ausreichend sind oder ob Handlungsbedarf besteht.

Die Ergebnisse dieser Sitzungen sollten als Nachweis protokolliert werden. Handlungsvorgaben aufgrund der Beschlüsse der Unternehmensorgane sollten in einer Folgesitzung wieder Gegenstand der Befassung sein, um den Stand der Umsetzung zu prüfen.

4.8.4 Compliance-Board

Es kann sich empfehlen, unabhängig von der Compliance-Abteilung, die sich mit der täglichen Compliance-Arbeit befasst, ein übergreifendes Gremium auf oberster Management-Ebene einzurichten, das sich turnusmäßig mit Compliance-Themen befasst (z. B. Compliance Board, Compliance Committee).

Wird ein solches Gremium eingerichtet, sollte es so besetzt sein, dass die obersten Funktionen der operativen Bereiche (z. B. Vorsitzende der Geschäftsführungen aller Unternehmensbereiche) sowie der betroffenen Fachfunktionen (Recht, Compliance, Finanzen, Revision, Personal) vertreten sind. Die Verzahnung mit den Verantwortlichen für die operative Geschäftstätigkeit ermöglicht dem Compliance-

Wie gelingt die Umsetzung im Unternehmen?

Verantwortlichen im Unternehmen ein Feedback aus dem operativen Geschäft — z. B. über den Stand der Implementierung von Compliance-Regelungen, aktuelle und relevante Compliance-Probleme während der operativen Geschäftstätigkeit etc. Zwischen der Compliance-Funktion und den operativ Verantwortlichen erfolgt so eine wechselseitige Rückkopplung.

4.8.5 Compliance-Reporting

Die Berichterstattung zu Compliance-Angelegenheiten (Compliance Reporting) ist integraler Bestandteil einer effektiven Compliance-Arbeit. Dazu müssen der Unternehmensleitung regelmäßig Berichte über den Stand, die Ziele und Ergebnisse der Compliance-Maßnahmen und weiterer Handlungsbedarf in diesem Bereich durch den Compliance-Verantwortlichen vorgelegt werden. Die Berichte sollten der Unternehmensleitung auch Vorschläge für erforderliche Verbesserungsmaßnahmen unterbreiten.

Für das Compliance Reporting sollten standardmäßig Mindestinhalte definiert werden. Dazu zählen etwa Angaben zu eingetretenen Compliance-Verstößen und Kennzahlen, wie z. B. die Zahl der durchgeführten Schulungen und die Zahl der Schulungsteilnehmer.

Auch der Zeitpunkt der Vorlagen an die Unternehmensleitung bzw. ein Compliance Board sollte möglichst definiert sein. Die Compliance-Berichte sollten insbesondere auch auf die Wirksamkeit der getroffenen Maßnahmen in Reaktion auf Defizite oder Verstöße eingehen („Follow-Up"-Berichte).

Für Ad-hoc-Vorkommnisse, insbesondere vermutete oder eingetretene Compliance-Verstöße, soll jederzeit ein direkter Berichtsweg zur Unternehmensleitung offenstehen. Die Compliance-Vorgaben sollten bestimmen, dass alle Compliance-Verstöße, Missstände etc. unverzüglich der Unternehmensleitung anzuzeigen sind.

4.8.6 Meldestellen für Compliance-Anliegen

Mitarbeitern, die Compliance-Anliegen vorbringen möchten (z. B. Meldung von Compliance-Verstößen wie Korruption, Umweltverstöße, Betrugsfälle o. Ä.), sollte eine zentrale Telefon-Compliance-Hotline zur Verfügung gestellt werden. Die Compliance-Hotline sollte durch ein Online-Meldeformular ergänzt werden. Die Einrichtung einer Compliance-Hotline sowie die Rufnummer sollten unternehmens- bzw. konzernweit bekannt gemacht werden. Die Hotline sollte mindestens

4 Die Compliance-Organisation

zu gewöhnlichen Geschäftszeiten erreichbar sein; das Online-Meldeformular sollte auch außerhalb dieser Zeiten genutzt werden können.

Bei Bedarf sollte die Meldestelle auch anonym kontaktiert werden können.

> **! WICHTIG**
> Bei der Einführung eines Compliance-Hinweisgebersystems sind die Mitbestimmungsrechte der zuständigen Arbeitnehmervertretung zu beachten.

Manche Unternehmen entscheiden sich, die Anlaufstelle für Compliance-Anliegen unternehmensextern zu organisieren (z. B. mittels externer Compliance-Hotline, eines externen Ombudsmans).

ARBEITSHILFE ONLINE

> **CHECKLISTE: Hinweise für Mitarbeiter bei Einschaltung einer Ombudsstelle**
> Unter http://arbeitshilfen.haufe.de/ können Sie die folgende Arbeitshilfe abrufen: „Hinweise für Mitarbeiter, die erwägen, sich an eine vom Unternehmen eingerichtete externe Ombudsstelle zu wenden".

Hierfür gibt es Dienstleister, die auch einen Dolmetscher-Service für die Einbeziehung fremdsprachlicher Mitarbeiter anbieten können. Mit der Nutzung einer externen Stelle kann eine klare Trennung von operativen und disziplinarischen Überschneidungen erreicht werden. Die Hemmschwelle von Mitarbeitern, sich an eine unternehmensexterne Stelle zu wenden, ist möglicherweise niedriger, so dass die Aufklärung von eventuellen Verstößen oder Missständen erleichtert wird. Rechtlich zwingend ist ein unternehmensexternes Hinweisgebersystem indes nicht.

Verfügt das Unternehmen über eine unternehmensinterne Lösung, ist sicherzustellen, dass Neutralität und eine gewünschte Anonymität gewährleistet bleiben und angemessene Eskalationsmöglichkeiten bestehen.

Mitarbeiter müssen jederzeit ohne nennenswerten Aufwand die Kontaktdaten der (internen oder externen) Compliance-Helpline herausfinden können, damit die Schwelle zur Nutzung der Hotline im Ernstfall gering ist. Es bietet sich an, die Kontaktdaten der Compliance-Helpline im Intranet zu kommunizieren.

Neben einer Compliance-Hotline soll auch eine alternative Kontaktaufnahme zu den zuständigen Compliance-Verantwortlichen ermöglicht werden, wenn Mitarbeiter Compliance-Anliegen (z. B. Meldung von Compliance-Verstößen) vorbringen möchten. Ist ausschließlich eine Telefon-Hotline eingerichtet, so kann es vorkommen, dass Mitarbeiter mangels Vertrauen in die Wahrung der Anonymität eine Compliance-Meldung unterlassen. Manche Unternehmen richten daher einen

Wie gelingt die Umsetzung im Unternehmen?

verschlüsselten elektronischen Postkasten ein, über den ein Hinweisgeber auch im Anschluss an die Erstmeldung weiter anonym mit dem Unternehmen kommunizieren und z. B. Rückfragen beantworten kann.

Auch bei einer solchen Kontaktaufnahme (z. B. Meldung von Compliance-Verstößen) soll sichergestellt sein, dass sie auf Wunsch anonym erfolgen kann.

Die Compliance-Anlaufstelle und das Hinweisgebersystem sollen auch für fremdsprachliche Mitarbeiter nutzbar sein; hierbei sind Zeitzonen und Sprachbarrieren zu beachten.

Personen, die in gutem Glauben Compliance-Vorgänge (z. B. vermutete oder aufgedeckte Missstände oder Verstöße) melden, dürfen nicht diskriminiert werden (vgl. das Maßregelungsverbot in § 612a BGB).

Es ist sinnvoll, den Zugang zur zentrale Anlaufstelle für Compliance-Themen des Unternehmens (z. B. Compliance-Hotline, Compliance-Email-Adresse o. Ä.) auch externen Personen zugänglich zu machen (z. B. Lieferanten, Kunden). Dies kann dazu beitragen, Verstöße besser aufzudecken zu können.

> **BEISPIEL**
> Ein Lieferant weist darauf hin, dass ihm ein Mitarbeiter des Einkaufs zugesagt hat, fiktive oder überhöhte Rechnungen zu bezahlen, wenn ein Teil des Betrages an ihn persönlich zurückfließt (sog. Kick-Backs).

Wie auch für interne Mitarbeiter oder Manager sollte diese Kontaktaufnahme durch externe Personen auf Wunsch anonym erfolgen können.

Denjenigen Personen, die das Hinweisgebersystem nutzen, sollte eine Rückmeldung gegeben werden, wie mit dem Hinweis verfahren wurde, sofern der Hinweis nicht anonym eingegangen ist oder Persönlichkeitsrechte von Dritten entgegenstehen. In einzelnen Fällen ist eine solche Rückmeldung sogar gesetzlich vorgegeben (vgl. z. B. § 13 AGG, wonach der Arbeitgeber verpflichtet ist, einem Beschäftigten, der sich wegen einer Diskriminierung beschwert hat, das Ergebnis der Prüfung mitzuteilen). Mitarbeitern sollte bereits vorab allgemein mitgeteilt werden, dass alle Betroffenen zu den über das Hinweisgebersystem gemeldeten Vorgängen gehört werden.

Die Einrichtung eines Hinweisgebersystems kann eine interne Klärung von Vorkommnissen erleichtern. Unabhängig davon kann grundsätzlich jeder Arbeitnehmer auch Strafanzeige wegen eines beobachteten Missstandes erstatten. Allerdings darf eine solche Anzeige keine unverhältnismäßige Reaktion auf den Vorgang sein. Anhaltspunkte dafür, dass die Anzeige eines Mitarbeiters unverhältnismäßig ist, können sein Motiv und eine fehlende vorherige innerbetriebliche Klärung sein. Mitarbeiter sind nicht berechtigt, wissentlich leichtfertige und unwahre Angaben zu machen, etwa im Rahmen einer Strafanzeige oder im Ermittlungsverfahren. Dies würde einen Verstoß gegen ihre arbeitsvertragliche Rücksichtnahme- bzw. Treuepflicht darstellen. Ob in einem eventuellen späteren Strafverfahren eine Straftat festgestellt wird, ist nicht maßgeblich dafür, ob der Mitarbeiter zur Strafanzeige berechtigt oder eine deswegen ausgesprochene Kündigung wirksam war. Schwerwiegende Verstöße auf Seiten des Arbeitgebers oder seiner Organmitglieder machen eine vorherige innerbetriebliche Klärung entbehrlich, insbesondere wenn der Arbeitnehmer bei Nichtanzeige selbst der Strafverfolgung unterliegen würde.

4.8.7 Einführungsprogramm für neue Mitarbeiter

Es empfiehlt sich, in einem Einführungsprogramm für neue Mitarbeiter (Induction Program) auch auf Compliance-Themen ausdrücklich einzugehen. Neu eintretenden Mitarbeitern sollten ausdrücklich die Bedeutung, die das Unternehmen Compliance beimisst, die geltenden Compliance-Anforderungen und die bestehende Compliance-Organisation (u. a. Ansprechpartner und Anlaufstellen) erläutert werden. Mitarbeiter werden so bereits in der „prägenden" Phase des Eintritts in das Unternehmen für diese Themen sensibilisiert. Sofern nicht bereits zuvor geschehen, bietet es sich an, neuen Mitarbeitern bei dieser Gelegenheit die geltenden Compliance-Vorgaben des Unternehmens (z. B. in Form eines Compliance-Handbuches) zu übergeben und zu erläutern.

4.8.8 Personenunabhängigkeit des Compliance Management Systems

Zu einem systemischen Vorgehen hinsichtlich der Sicherstellung von Compliance gehört es auch, dass die Abläufe so organisiert sind, dass das Compliance Management System personenunabhängig funktioniert. Das heißt, auch bei einem Ausfall einzelner Personen (z. B. wegen Krankheit oder Weggangs) muss die Einhaltung der gesetzlichen Vorgaben weiterhin sichergestellt sein — beispielsweise durch vorab definierte Vertretungsregelungen.

4.9 Schulungen und Trainings

Schulungen von Mitarbeitern und Managern zu Compliance-Themen sind wesentliches und unverzichtbares Element einer effektiven Compliance-Arbeit. Nachfolgend werden die hierbei zu berücksichtigenden Aspekte behandelt.

4.9.1 Ermittlung des Schulungsbedarfs

Der Bedarf an Compliance-Schulungen sowie die hiervon betroffenen Teilnehmer sollten systematisch ermittelt und erfasst werden. Hierfür bietet sich ein unternehmens- und konzernweiter Schulungsplan an, der z. B. auf Vorschlag des Compliance-Verantwortlichen durch die Geschäftsführung verabschiedet wird. In der Praxis finden Schulungen häufig nicht nach einem übergreifenden Plan statt, sondern ad hoc nach konkretem Bedarf und unsystematisch. Die Aufstellung und Durchführung eines systematischen Plans kann ein wesentlicher Faktor sein, um darlegen zu können, dass die Organisations- und Aufsichtsverantwortung wahrgenommen wurde.

4.9.2 Schulungsinhalte

Es empfiehlt sich, in den Schulungen zur Vermittlung der Compliance-Vorgaben auch Praxisbeispiele oder Fallstudien (Case Studies) zu verwenden, um die praktische Relevanz des Themas hervorzuheben und die Verständlichkeit zu erhöhen. Je praxisbezogener und eingängiger die Schulungsinhalte sind, desto höher wird die Bereitschaft der Teilnehmer sein, sich dem Thema zu öffnen, da die Inhalte als relevant erkannt werden.

Feedback der Teilnehmer in den Schulungen (z. B. Erfahrungsberichte zu bestimmten Situationen im Geschäftsleben) sollte aufgegriffen und für die weitere präventive Compliance-Arbeit genutzt werden.

4.9.3 Teilnehmerkreis

In die Schulungen zu grundlegenden Compliance-Angelegenheiten (z. B. zum Verhaltenskodex des Unternehmens) sollten alle Mitarbeiter einbezogen werden. Daneben sollten für bestimmte Bereiche spezifische Compliance-Schulungen abgehalten werden, die die besonderen Compliance-Themen in diesen Bereichen behandeln.

Beispielsweise können sich spezifische Schulungen in folgenden Bereichen empfehlen:

- Vertrieb (u. a. kartellrechtliche Anforderungen etc.),
- Einkauf (u. a. Korruptionsvermeidung etc.),
- Export (u. a. Außenwirtschaftsrecht, Embargos etc.),
- Finanzbuchhaltung (u. a. Geldwäsche, Korruptionsbekämpfung, Fraud etc.),
- Produktion (u. a. Umweltschutz, Produktsicherheit, -rückrufpflichten) und
- Personal (u. a. Arbeitsrecht, Sozialversicherungsrecht, Lohnsteuer-Fragen etc.).

4.9.4 Verbindliche Teilnahme

Die Teilnahme an Compliance-Schulungen sollte verbindlich sein. Eventuelle Mitbestimmungsrechte der zuständigen Arbeitnehmervertretungen sind hierbei zu beachten. Abwesende Mitarbeiter sind nachzuschulen.

4.9.5 Dokumentation

Die Teilnahme an Schulungen sollte dokumentiert werden. Die Erfassung der Teilnehmer empfiehlt sich zum einen, um organisatorisch sicherzustellen, dass alle Betroffenen an den entsprechenden Schulungsmaßnahmen teilgenommen haben. Zum anderen kann eine solche Dokumentation im Falle von Verstößen haftungsvermeidend bzw. -mindernd wirken.

4.10 Geschäftspartner-Checks

Die Überprüfung, ob auch Geschäftspartner des eigenen Unternehmens grundlegende Compliance-Anforderungen erfüllen, ist unter verschiedenen Gesichtspunkten sinnvoll bzw. geboten.

Zum einen kann ein Geschäftspartner für das eigene Unternehmen — etwa als Lieferant — ausfallen, wenn er infolge eines Compliance-Verstoßes in finanzielle Schwierigkeiten kommt, so dass auch das eigene Unternehmen unter operativen Gesichtspunkten in Mitleidenschaft gezogen werden kann. Zum anderen kann eine Rufschädigung sich auch auf das eigene Unternehmen auswirken.

Wie gelingt die Umsetzung im Unternehmen?

Darüber hinaus sind in manchen Bereichen Geschäftspartnerüberprüfungen unter Compliance-Gesichtspunkten auch rechtlich geboten. Die nach dem Geldwäschegesetz „Verpflichteten" (vgl. hierzu Kap. 5.6.8) müssen grundsätzlich ihre Vertragspartner als Teil ihrer Sorgfaltspflichten identifizieren sowie Informationen über den Zweck und die angestrebte Art der Geschäftsbeziehung einholen, soweit sich diese im Einzelfall nicht bereits zweifelsfrei aus der Geschäftsbeziehung ergeben (vgl. §§ 3, 4 GwG). Im Bereich Korruptionsbekämpfung schreibt der UK Bribery Act auch mit Blick auf verbundene Dritte („associated persons", etwa selbstständige Vertriebspartner des eigenen Unternehmens) vor, dass angemessene Verfahren („adequate procedures") zur Verhinderung der Korruptionstaten eingeführt wurden. Der UK Bribery Act findet Anwendung auf jede Gesellschaft, die auch Geschäfte in Großbritannien tätigt („...*carries on a business, or part of a business, in any part of the United Kingdom.*"), unabhängig von ihrem Sitz.

Schließlich kann ein Geschäftspartner unter ein Embargo fallen, so dass mit ihm keine Geschäfte gemacht werden dürfen.

Die Geschäftspartnerüberprüfung und die getroffene Entscheidung sollten in jedem Fall dokumentiert werden, um den Nachweis erbringen zu können, dass eine sorgfältige Auswahl und Überprüfung des Geschäftspartners stattgefunden hat. Ausdrückliche gesetzliche Dokumentationspflichten — wie etwa im Bereich Geldwäschebekämpfung — sind zu beachten.

4.11 Aufbewahrungspflichten und -fristen

Teil der Regeltreue ist auch die Einhaltung aller allgemeinen und spezialgesetzlichen Aufzeichnungs- und Aufbewahrungspflichten dieser Aufzeichnungen, darunter:

- handelsrechtliche,
- steuerrechtliche und
- spezialgesetzliche Aufbewahrungspflichten (z. B. § 8 GwG).

Durch die Erfüllung der Aufzeichnungs- und Aufbewahrungspflichten kann überdies die Einhaltung der inhaltlichen gesetzlichen Vorgaben nachgewiesen werden.

4.12 Monitoring und Compliance-Audits

Zu den originären Pflichten der Unternehmensleitung zählt die Überwachung (Monitoring), ob das Unternehmen alle Maßnahmen eingeführt und umgesetzt hat, die für die Einhaltung aller anwendbaren Regelungen notwendig sind, und ob diese Maßnahmen auch wirksam sind.

Wie bei anderen Management-Systemen (z. B. dem Qualitätsmanagementsystem nach ISO 9001) ist auch bei einem Compliance Management System eine kontinuierliche Systemüberwachung und -analyse als Basis für einen ständigen Verbesserungsprozess Systembestandteil.

Vor dem Hintergrund, dass Compliance-Anforderungen ständig im Fluss sind, kann auch das Compliance Management System nicht statisch sein. Erforderlich sind folglich bewusste Prozesse zur Überwachung, Analyse und Verbesserung dieses Systems.

4.12.1 Compliance-Auditplan

Teil der notwendigen Compliance-Überwachungsmaßnahmen sind interne Prüfungen (Audits). Wichtig ist es, die Art der Audits und ihrer Durchführung sowie die Audit-Ergebnisse zu dokumentieren. Audit-Ergebnisse sind unmittelbar an die Unternehmensleitung (Vorstand, Geschäftsführung, Compliance-Board) zu berichten.

Folgt aus den Audit-Ergebnissen, dass Missstände bestehen, Verstöße aufgedeckt wurden oder weitere Präventivmaßnahmen (etwa Mitarbeiterschulungen) erforderlich sind, sind umgehend geeignete Maßnahmen einzuleiten und wiederum zu dokumentieren.

Es empfiehlt sich, dass die Compliance-Audits systematisch nach einem vorab definierten Auditplan erfolgen. Der Auditplan sollte von der Unternehmensleitung (z. B. der Geschäftsführung oder einem Compliance Board) verabschiedet werden — etwa aufgrund eines Vorschlags des Compliance-Verantwortlichen. Der Plan sollte die Themen und Bereiche der Untersuchung, die Art und Zahl der Prüfungen und die Audit-Methoden (z. B. Stichproben, Interviews etc.) festlegen.

Wie gelingt die Umsetzung im Unternehmen?

4.12.2 Ad-hoc-Audits und Internal Investigations

Zur Wahrnehmung ihrer Organisations- und Aufsichtspflicht muss die Geschäftsführung bei Verdacht auf Unregelmäßigkeiten und Verstöße einschreiten und eine (interne oder externe) Aufklärung veranlassen.

Neben den geplanten Audits sind also bei besonderen Anlässen, insbesondere bei der Feststellung von Verdachtsmomenten, Ad-hoc-Audits vorzunehmen. Von einigen Rechtsordnungen wird die unternehmenseigene Aufklärung ausdrücklich verlangt.

Interne Ermittlungen (Internal Investigations) können zur schnelleren Aufklärung beitragen und so auch dem Erhalt bzw. der Wiederherstellung der Reputation dienen. Sie bewirken ggf. eine Strafmilderung oder einen Straferlass bei den Sanktionen gegen das Unternehmen (vgl. die einleitenden Vermerke zu Kapitel 8 der US Federal Sentencing Guidelines, USSG, in denen explizit auf eine Möglichkeit zur Strafmilderung hingewiesen wird, sofern das betroffene Unternehmen die Tat selbst aufklärt, eine Anzeige bei der zuständigen Behörde vornimmt und daraufhin mit dieser umfänglich kooperiert; auf Ebene der Einzelstaaten in den USA bestehen vergleichbare Regelungen).

Private Audit-Ermittlungen sind zulässig, auch wenn zugleich staatsanwaltschaftliche Ermittlungen laufen. Es ist jedoch darauf zu achten, dass letztere nicht behindert werden, weil sonst seitens der Staatsanwaltschaft der Vorwurf der Strafvereitelung (§ 258 StGB) erhoben werden könnte. Keineswegs dürfen interne Ermittler kritische Unterlagen vernichten oder versuchen, sich eine bessere Beweislage zu schaffen. Anderenfalls können sie wegen Verdunkelungsgefahr in Untersuchungshaft genommen werden.

Einige größere Unternehmen verfügen über eigene, für den Zweck der Selbstaufklärung eingerichtete Internal Investigations-Abteilungen (z. B. als Teil der Revisions- oder Compliance-Abteilung).

Die Selbstaufklärung ist erfolgreich und glaubwürdig, wenn sie unabhängig, schlagkräftig, umfassend, konsequent und zügig durchgeführt wird. Vorab sind jedoch die Antworten auf folgende Fragen zu definieren:

- Wer kann die internen Ermittlungen anstoßen?
- Erfolgen die Untersuchungen (zunächst) verdeckt oder offen?
- Wer führt die Untersuchungen durch? (Sachkenntnis bezüglich der betroffenen Vorgänge)

- Wie weit reicht der Untersuchungsauftrag?
- An wen sind die (Zwischen-)Ergebnisse zu berichten?
- In welchem Umfang und wie erfolgt eine Zusammenarbeit mit externen (z. B. polizeilichen oder staatsanwaltlichen) Ermittlern?
- Wie wird intern und extern zu den Vorgängen kommuniziert?

4.12.3 Durchführung der Audits

Audits können durch unternehmensinterne Personen (z. B. aus der Revision) oder externe Dienstleister (z. B. Berater, Anwälte, Wirtschaftsprüfer) oder in Kombination von beiden Seiten durchgeführt werden. Es kann sich anbieten, dass Audits nicht vom Compliance-Verantwortlichen selbst vorgenommen werden, um den präventiven und beratenden Charakter der Compliance-Funktion nicht zu gefährden, zumindest wenn es um Ad-hoc-Audits bei Verdachtsmomenten geht.

Es kann sinnvoll sein, Forensik-Dienstleister, für die die Aufklärung von Compliance-Verstößen Tagesgeschäft ist und die über Spezialisten und entsprechende Hilfsmittel verfügen, hinzuzuziehen. Sie können unter Umständen kurzfristig benötigte größere Ressourcen stellen. Darüber hinaus können in Einzelfällen die bei diesen gegebenenfalls eingreifende berufsrechtliche Verschwiegenheitspflicht und der damit verbundene Beschlagnahmeschutz gegenüber der Staatsanwaltschaft vorteilhaft sein.

Die Einschaltung externer Prüfer kann auch die Unabhängigkeit der Audits unterstreichen und besonders signalisieren, dass der Unternehmensleitung an einer objektiven, unabhängigen und lückenlosen Prüfung bzw. Aufklärung liegt.

4.12.4 Dokumentation der Audit-Ergebnisse

Die Audit-Ergebnisse sollten in einem Bericht (Audit Report) dokumentiert werden. Darin sollten zugleich auch Abhilfemaßnahmen vorgeschlagen und ggf. ein Zeitpunkt für ein Wiederholungsaudit festgelegt werden, bei dem die erfolgreiche Beseitigung des Audit-Anlasses überprüft wird.

4.12.5 Bericht über Audit-Ergebnisse

Über die Audit-Ergebnisse ist auch an die Unternehmensleitung (Geschäftsführung) zu berichten, damit diese Korrekturmaßnahmen und ggf. Sanktionen beschließen kann.

4.12.6 Umsetzung der Audit-Erkenntnisse

Die Erkenntnisse der Compliance-Audits sollten im Sinne einer systematischen Vorgehensweise zur Verbesserung von Maßnahmen oder Prozessen genutzt werden, um künftige Verstöße zu vermeiden bzw. zu erschweren.

Werden trotz vorliegender und erkannter Defizite, die sich z. B. aus den Ergebnisse dieser internen Prüfungen ergeben haben, nicht umgehend die notwendigen Gegenmaßnahmen eingeleitet, kann dies eine persönliche Haftung der Geschäftsführung wegen eines Organisationsverschuldens begründen. Daher ist es auch unter dem Gesichtspunkt der Haftungsvermeidung entscheidend, dass die Erkenntnisse aus den durchgeführten Audits ausgewertet, die ggf. notwendigen Maßnahmen umgehend eingeleitet und in ihrer Wirksamkeit — etwa durch Wiederholungsaudits — überwacht werden.

4.13 Compliance-Berichte an Aufsichtsorgane und Gesellschafter

Regelmäßige, zeitnahe und umfassende Informationen der Geschäftsführung an den Aufsichtsrat bzw. die Gesellschafter über alle für das Unternehmen relevanten Fragen der Compliance gehören ebenfalls zu einer *lege artis* Compliance-Organisation (vgl. auch Ziff. 3.4 des Deutschen Corporate Governance Kodex; auch außerhalb des direkten Anwendungsbereiches des Corporate Governance Kodex ist eine solche Information geboten).

Die Mitglieder des Aufsichtsorgans sollten Compliance-Angelegenheiten in regelmäßigen Abständen zu Tagesordnungspunkten ihrer Sitzungen machen und sich über alle für das Unternehmen relevanten Fragen der Compliance berichten lassen. Liegen Anhaltspunkte für eine mangelnde Compliance-Organisation oder gar für Verstöße vor, sind sie zum Einschreiten verpflichtet, um ihrer Aufsichtspflicht nachzukommen.

4.14 Notfallpläne

Wie im Falle des Bekanntwerdens von Compliance-Verstößen professionell zu reagieren ist, sollte in einem Ablauf-, Maßnahmen- oder Notfallplan festgehalten werden. Inhalt dieses Notfallplans kann sein:

- Welche Personen sind unverzüglich zu informieren (z. B. Vorsitzender der Geschäftsführung, Compliance-Verantwortlicher, PR-Zuständiger, Rechtsabteilung, Personalbereich, Vorgesetzter etc.)?
- Ist eine unverzügliche Information des Kapitalmarkts erforderlich (Ad-hoc-Mitteilung)?
- Welche Maßnahmen sind zu ergreifen (z. B. Beweissicherungsmaßnahmen, weitere Aufklärungsmaßnahmen, Einholung von Rechtsrat, Information der Staatsanwaltschaft etc.)?
- Muss oder soll eine Aufsichts- oder Regulierungsbehörde verständigt werden?
- Bestehen Meldepflichten gegenüber Versicherungen (im Rahmen vertraglicher Obliegenheiten)?
- Wer soll bzw. darf allein zu diesen Themen nach außen (z. B. gegenüber den Medien und Investoren) und nach innen gegenüber den Beschäftigten kommunizieren?
- Werden in der externen Kommunikation Medien eingesetzt, die eine schnelle bzw. eine Echtzeit-Kommunikation ermöglichen?
- Welche Schadensminderungsmaßnahmen können/müssen ergriffen werden?

Alle diese Fragen sollten in einer dokumentierten „Eskalationsanleitung" (Prozessdefinition) behandelt und beantwortet werden.

Eindeutige Zuständigkeitsregelungen, wer im Fall von Compliance-Verstößen nach außen (gegenüber der Presse, Behörden etc.) kommunizieren darf, und eine klare Kommunikationsstrategie sind dringend empfehlenswert. Eine „Vielstimmigkeit" des Unternehmens oder ein „babylonisches Sprachgewirr" kann zusätzlichen Schaden verursachen — insbesondere eine Rufschädigung verstärken.

Sofern juristisch relevante Themen eine Rolle spielen (z. B. Durchsuchungen, Beschlagnahmen, Haftbefehle etc.), sollte unverzüglich Rechtsrat eingeholt werden (z. B. seitens der internen Rechtsabteilung oder externer Anwälte).

Eine professionelle Kommunikation ist auch mit Blick darauf wichtig, dass Investoren zunehmend Wert auf funktionierende Compliance-Organisationen und -Strukturen legen.

Wie gelingt die Umsetzung im Unternehmen?

Zunehmende Bedeutung erhalten Kommunikationskanäle, die eine Echtzeit-Kommunikation ermöglichen. Wegen der Schnelligkeit der Informationsverbreitung zu (behaupteten) Compliance-Verstößen über diese Medien sollte die Kommunikationsstrategie des Unternehmens eine schnelle Reaktion, gegebenenfalls unter Einsatz solcher „Echtzeit"-Medien vorsehen.

4.15 Regelmäßige Evaluation und Verbesserungsmaßnahmen

Compliance ist nie statisch. Das sich ändernde rechtliche Umfeld, die Aufnahme neuer geschäftlicher Aktivitäten, der Eintritt in neue Regionen und der Wechsel bei internen Mitarbeitern usw. bedingen eine kontinuierliche Begleitung des Themas. Es empfiehlt sich also, das geschaffene Compliance Management System als ein sich ständig in Veränderung bzw. Verbesserung befindendes System zu begreifen.

Als Bestandteil ihrer Aufsichtspflichten muss die Unternehmensleitung selbst regelmäßige Bewertungen des bestehenden Compliance Management Systems vornehmen, um festzustellen, ob es geeignet ist, Compliance-Verstöße zu verhindern oder zumindest wesentlich zu erschweren. Zur Beantwortung sollte sie insbesondere die vorhandenen Erkenntnisquellen nutzen; dazu zählen etwa:

- Ergebnisse der Compliance-Audits,
- Inhalte der Compliance-Berichte,
- Hinweise von Mitarbeitern oder Geschäftspartnern,
- eingegangene Verbesserungsvorschläge und
- erhobene Compliance-Kennzahlen (z. B. hinsichtlich durchgeführter Schulungen).

Auch die Arbeit der Compliance-Abteilung selbst (oder anderen, mit Compliance befassten Einheiten wie z. B. des Revisionsbereichs) sollte regelmäßig evaluiert werden. Gegenstände einer solchen Evaluierung sind z. B. folgende:

- Sind die Compliance-Vorgaben allgemein kommuniziert und bekannt?
- Sind die getroffenen Compliance-Maßnahmen effektiv und ausreichend oder müssen sie ergänzt, aktualisiert oder verbessert werden?
- Funktionieren die eingeführten Maßnahmen effektiv im gelebten Arbeitsalltag? Wurden die vorgegebenen Ziele der Compliance-Arbeit (z. B. geplante Schulungen) erreicht?

Regelmäßige Evaluation und Verbesserungsmaßnahmen

- Gibt bzw. gab es Beschwerden über oder Verbesserungsvorschläge für die Compliance-Arbeit oder -Organisation?
- Sind die Ergebnisse vorausgegangener Evaluierungen umgesetzt?
- Gibt es Veränderungen des regulatorischen Umfeldes, die Compliance-Maßnahmen erfordern (z. B. aufgrund von Gesetzesänderungen, der Aufnahme einer Geschäftstätigkeit in neuen Ländern)?
- Bestehen ausreichende Ressourcen für die Durchführung der Compliance-Arbeit?
- Waren Abhilfemaßnahmen bei erkannten Missständen wirksam?

Eine solche Evaluierung kann durch die Geschäftsführung selbst, durch interne Prüfer oder unabhängige externe Prüfer erfolgen. Sofern die Geschäftsführung nicht selbst eine Evaluierung der Arbeit der Compliance-Zuständigen vornimmt, muss sie sich die Ergebnisse berichten lassen und im Falle von benannten oder erkannten Defiziten umgehend Abhilfemaßnahmen einleiten.

Die Ergebnisse der Evaluierung der Compliance-Arbeit sollten dokumentiert werden; auch sollten Handlungsempfehlungen daraus abgeleitet werden.

Die Geschäftsführung muss die Einhaltung ihrer Informations- und Berichtspflichten (beispielsweise aus der Satzung oder einer Geschäftsordnung für die Geschäftsführung) hinsichtlich der Ergebnisse einer Evaluation des Compliance Management Systems gegenüber den Aufsichtsorganen (z. B. Aufsichtsrat) sicherstellen.

Alle Beschäftigten sollten ausdrücklich dazu aufgefordert werden, sich aktiv mit Verbesserungsvorschlägen zur Compliance einzubringen. Zu diesem Zweck sollte eine besondere Kontaktaufnahmemöglichkeit vorgesehen werden (z. B. Meldeformular für Compliance-Verbesserungsvorschläge, „Round Tables" o. Ä.). Auch die Arbeitnehmervertretungen (Betriebsrat, Gesamt-, Konzernbetriebsrat) sollten sich bei der Optimierung des bestehenden Compliance Management Systems einbringen.

5 Compliance-Themenfelder

Nachfolgend werden typische Compliance-Themenfelder näher behandelt, im Einzelnen:

- Korruptionsbekämpfung,
- Compliance im Vertrieb,
- Compliance im Einkauf,
- Datenschutz,
- Arbeits- und sozialversicherungsrechtliche Compliance,
- Compliance & Arbeitsschutz,
- Bekämpfung von Geldwäsche und Terrorismusfinanzierung,
- Spenden, Sponsoring, Veranstaltungen,
- Verbandstätigkeit und
- Lobbying.

5.1 Korruptionsbekämpfung

Korruption liegt vor, wenn eine Vertrauensstellung oder Geschäftsbeziehung missbraucht wird, um für sich oder einen Dritten einen materiellen oder immateriellen Vorteil zu erlangen, auf den kein Anspruch besteht.

▶ **BEISPIELE**

- Das an einer Ausschreibung teilnehmende Unternehmen lässt Entscheidungsträgern des Auftraggebers, die über den Zuschlag entscheiden, Einladungen zu kostspieligen privaten Reisen zukommen.
- Der Einkäufer eines Großunternehmens erhält von einem Lieferanten eine Geldzahlung, damit er diesen heimlich über die von Konkurrenten gebotenen Konditionen informiert.
- Dem Vorstand eines Auftraggebers wird eine Karte zur Verfügung gestellt, mit der er an Geldautomaten jederzeit Zugriff auf ein vom Geschäftspartner eingerichtetes Konto hat. Dort kann er für eigene private Zwecke Geldabhebungen vornehmen. Damit soll er beeinflusst werden, den Geschäftspartner künftig zu bevorzugen.
- Dem Geschäftsführer eines asiatischen Staatsunternehmens wird angeboten, dass das Studium seines Sohns in den USA von einem Lieferanten bezahlt wird, wenn dieser im Gegenzug einen Großauftrag des Staatsunternehmens erhält.

Compliance-Themenfelder

Die Vermeidung von Korruption ist für den nachhaltigen Erfolg des Unternehmens angesichts der drohenden erheblichen Folgen bei Verstößen entscheidend (siehe auch Kap. 2.3). Der Wille der Unternehmensleitung, notfalls auch kurzfristige wirtschaftliche Nachteile in Kauf zu nehmen, wenn dadurch korrupte Geschäfte vermieden werden, sollte daher deutlich gemacht werden.

> **BEISPIEL**
>
> Manche Unternehmen entscheiden sich etwa, in besonders korruptionsanfälligen Ländern kein Systemgeschäft (Teilnahme an Groß-Ausschreibungen als Generalunternehmer) anzubieten, bei dem durch die Vergabestellen unter Umständen Schmiergelder erwartet werden, sondern dort lediglich als Zulieferer (z. B. des Generalunternehmers) zu agieren (Komponentengeschäft), wenn dadurch Schmiergelder vermieden werden können.

Eine klare Positionierung der Unternehmensleitung zum Thema Korruption ist ferner wichtig, weil Mitarbeiter, die bereit sind, nach außen mit illegalen Methoden zu arbeiten, eher bereit sein werden, auch das eigene Unternehmen zu ihrem persönlichen Vorteil zu schädigen.

In einigen Ländern sind in den zurückliegenden Jahren die gesetzlichen Bestimmungen zu Korruption verschärft worden, beispielsweise die Strafbarkeit von Bestechung in der Privatwirtschaft oder die Strafbarkeit von Auslandstaten in Deutschland. Zugleich hat sich der Aufklärungswille und -druck der Strafverfolgungs- und Steuerbehörden erhöht.

5.1.1 Anti-Korruptionsrichtlinie

Korruptionsbekämpfung ist ein Herzstück von Compliance. Es ist daher — auch zur Vermeidung einer persönlichen Haftung der Geschäftsführung — wichtig, dass das die geltenden rechtlichen Regelungen und Verhaltensgrundsätze für die Mitarbeiter und Manager in einer Anti-Korruptionsrichtlinie (bzw. einem Code of Conduct, einer Ethik-Richtlinie o. Ä.) niedergelegt sind.

Die entsprechende Richtlinie sollte deutlich zum Ausdruck bringen, dass das Unternehmen keinerlei Form von Bestechung oder Korruption duldet („zero tolerance") und dass bei Verstößen sowohl dem Unternehmen als auch dem Einzelnen erhebliche Sanktionen drohen. Sie dient damit dem Schutz der Beschäftigten selbst, da sie klare Verhaltensmaßstäbe an die Hand bekommen und über die Rechtsfolgen aufgeklärt werden. Zum anderen dient sie auch dem Schutz des Rufes des Unternehmens und der Korruptionsvermeidung. In ihr sollen klare und transparente Re-

Korruptionsbekämpfung 5

gelungen zum Umgang mit der Annahme und Vergabe von Geschenken oder sonstigen geldwerten Leistungen (z. B. Bewirtungen, Einladungen) festgelegt werden, sofern hierzu nicht bereits arbeitsvertragliche Bestimmungen gelten.

Der Umgang mit Behörden und Amtsträgern erfordert dabei andere Grundsätze als der Umgang mit Geschäftspartnern in der Wirtschaft, da für erstere spezielle, niedrige Wertgrenzen gelten. Ein „Anfüttern" von Geschäftspartnern durch häufige, kleinere Zuwendungen (selbst wenn jede einzelne Zuwendung innerhalb der Wertgrenze liegt), um diese abhängig zu machen, muss ausgeschlossen werden. Ferner sollen Meldepflichten sowie ein Zustimmungsprozess für außergewöhnliche Fälle definiert werden.

Wenn das Unternehmen bzw. der Konzern nicht ausschließlich im Inland tätig ist, soll die Anti-Korruptionsrichtlinie auch auf die im jeweiligen Land der Geschäftstätigkeit geltenden Regelungen zur Korruptionsbekämpfung hinweisen. Die Rechtslage — einschließlich der anwendbaren Sanktionen im Falle von Verstößen — in verschiedenen Ländern kann sehr unterschiedlich sein.

▶ **BEISPIEL**

- So können Bestechungsfälle nach dem amerikanischen Foreign Corrupt Practices Act (FCPA), der die Bestechung ausländischer Amtsträger verbietet, auch dann in den USA verfolgt werden, wenn sie außerhalb der USA stattgefunden haben. Das Gesetz hat einen extensiven Anwendungsbereich und enthält extraterritoriale Anknüpfungspunkte. Nach Ansicht des United States Department of Justice (DOJ) ist zur Anwendung der Anti-Bribery Provisions ein nur marginaler US-Bezug der Korruptionshandlung ausreichend, beispielsweise eine Überweisung oder ein Telefonanruf aus den USA, möglicherweise sogar das Versenden einer E-Mail über einen amerikanischen Server.
- Nach den US Sentencing Guidelines gehören zu einem effektiven Anti-Korruptionsprogramm neben der Einführung von Anti-Korruptionsrichtlinien, einer entsprechenden Schulung der Arbeitnehmer und einer regelmäßigen Kontrolle und Überwachung schließlich auch arbeitsrechtliche Sanktionen (disciplinary measures), wenn eine durch Arbeitnehmer begangene Bestechung aufgedeckt wird.
- Ebenfalls extraterritoriale Wirkung entfaltet der UK Bribery Act, der strafrechtliche Sanktionen für den Fall vorsieht, dass Korruption sowohl im privaten als auch im öffentlichen Sektor im vermeintlichen Interesse des Unternehmens nicht verhindert wurde. Der UK Bribery Act findet auf jede Gesellschaft Anwendung, die Geschäfte in Großbritannien tätigt („carries on a business, or part of a business, in any part of the United Kingdom"),

unabhängig von ihrem Sitz. Einen wirksamen Schutz gegen Sanktionen bietet nur der Nachweis, dass geeignete und auf das individuelle Unternehmen und seine Tätigkeit zugeschnittene Maßnahmen („adequate procedures") zur Verhinderung der Korruptionstaten eingeführt waren (siehe auch die hierzu veröffentlichten Leitlinien des britischen Justizministeriums). Führungskräfte („senior officers") sowie das Unternehmen selbst können für Verstöße von Mitarbeitern bestraft werden, wenn sie mit der Zustimmung oder Duldung der Führungskräfte erfolgten. Darüber hinaus kann das Unternehmen für Korruptionshandlungen von nahestehenden Personen („associated persons") wie Beratern und sonstigen Dienstleistern zur Verantwortung gezogen werden.

Ferner ist zu beachten, dass die Gerichte mancher Staaten ihre Zuständigkeit („jurisdiction") sehr weit ausdehnen und diese bereits bejahen, wenn geringfügige Berührungspunkte mit ihrem Territorium vorliegen — auch wenn der Korruptionsfall selbst keinen Bezug zu ihrem Territorium hat. Das Risiko, vor ausländischen Gerichten verklagt und den dort geltenden Sanktionen (z. B. einem Strafschadensersatz, sog. punitive damages) unterworfen zu werden, ist dann besonders hoch.

5.1.2 Geschenke, Einladungen und Gewährung sonstiger Vorteile

Im Unternehmen sollten klare und transparente Regelungen hinsichtlich der Gewährung von Geschenken, Einladungen und sonstigen Vorteilen an Dritte gelten — etwa als Bestandteil der Anti-Korruptionsrichtlinie oder des Verhaltenskodex. Dies dient zum einen dem Schutz der Beschäftigten selbst, da sie klare Verhaltensmaßstäbe an die Hand bekommen; zum anderen auch dem Schutz des Unternehmens vor rechtlichen Sanktionen und Rufschädigung, wenn der Anschein einer Korruptionstat erweckt wird.

5.1.3 Bekanntmachung der Anti-Korruptionsvorgaben

Die Anti-Korruptionsrichtlinie sollte allen Mitarbeitern und Managern bekannt sein. Sie sollte für die Mitarbeiter jederzeit in ihrer aktuellen Fassung zugänglich sein, z. B. im Intranet. Es kann sich empfehlen, die Beachtung der Anti-Korruptionsrichtlinie durch ausdrückliche Gegenzeichnung seitens der Mitarbeiter und Manager sicherzustellen.

Nicht selten werden in der Praxis solche Vorgaben einmalig kommuniziert; neu eintretende Mitarbeiter und Manager erfahren anschließend allenfalls durch Zufall oder eigene Recherchen davon, dass solche Regelungen bestehen. Es empfiehlt sich daher sicherzustellen, dass auch allen neuen Mitarbeitern die geltenden Regelungen (und die weiteren Compliance-Vorgaben) zu Beginn ihrer Tätigkeit übergeben bzw. auf andere Weise bekannt gegeben werden. Dies unterstreicht die Bedeutung, die das Unternehmen diesem Thema beimisst.

5.1.4 Pflicht der Beschäftigten zur Einhaltung der Anti-Korruptionsrichtlinie

Es empfiehlt sich, die Beachtung der Anti-Korruptionsrichtlinie verbindlich zu vereinbaren, sofern ihr Inhalt nicht bereits kraft Gesetzes gilt — z. B. durch ausdrückliche Gegenzeichnung seitens der Mitarbeiter. Ferner sollte die Richtlinie unmissverständlich klarstellen, dass Einzelpersonen im Falle des Verstoßes mit straf-, arbeits-, dienstvertrags- oder haftungsrechtlichen Konsequenzen zu rechnen haben.

5.1.5 Pflicht externer Personen zur Einhaltung der Anti-Korruptionsrichtlinie

Auch externe Personen, die für das Unternehmen tätig sind (wie beispielsweise Berater, Outsourcing-Dienstleister), sollten die Anti-Korruptionsrichtlinie zu Beginn der Geschäftsbeziehung anerkennen müssen. Deren Geltung während der gesamten Geschäftsbeziehung sollte vertraglich festgeschrieben werden. Hierzu bieten sich Standardverträge bzw. -klauseln im Auftrag oder Dienstleistungsvertrag an. Verletzungen sollten ausdrücklich eine (fristlose) Kündigung des Vertrages nach sich ziehen können.

Eine solche Klausel könnte etwa wie folgt lauten:

▶ **BEISPIEL**

„Beachtung des Verhaltenskodex [*alternativ: der Anti-Korruptionsrichtlinie*] des [*Unternehmens*] und Compliance
[*Vertragspartner*] wird die Grundsätze und Anforderungen des Verhaltenskodex [*alternativ: der Anti-Korruptionsrichtlinie*] des [*Unternehmens*] (siehe Anlage) und alle anwendbaren Gesetze (z. B. in den Bereichen Korruptions- und Geldwäschebekämpfung, Kartellrecht) beachten. Im Falle einer Verletzung dieser Pflichten hat [*Unternehmen*] das Recht, sämtliche Vereinbarungen zwischen

dem [*Vertragspartner*] und [*Unternehmen*] fristlos zu kündigen, ohne dass irgendeine weitere Haftung oder Verpflichtung seitens des [*Unternehmens*] besteht, und unbeschadet sonstiger Rechte zur Beendigung dieser Vereinbarungen. Weiterhin ist [*Unternehmen*] berechtigt, Entschädigung für sämtliche Schäden zu verlangen, die aus einer solchen Pflichtverletzung herrühren."

5.1.6 Durchführung von Schulungen

Schulungen zur Korruptionsbekämpfung sind wesentlicher Bestandteil von Compliance. Solche Schulungen können sowohl persönlich als auch über elektronische Tools (z. B. Web-based Trainings) durchgeführt werden. Die Schulungen sollten in einem regelmäßigen Turnus stattfinden, um auch neu eingetretene Personen einzubeziehen bzw. die Kenntnisse der übrigen Mitarbeiter aufzufrischen und zu aktualisieren.

Wichtig ist es zu signalisieren, dass die Schulungen nicht als „notwendige Pflichtübung" durchgeführt werden, sondern dass das Thema wesentlicher Bestandteil der Unternehmenswerte ist.

Es empfiehlt sich zu dokumentieren, wer an Schulungen zum Thema „Korruptionsbekämpfung" teilgenommen hat. So kann zum einen sichergestellt werden, dass alle betroffenen Personen geschult wurden. Ferner kann es ein wesentliches entlastendes Argument für das Unternehmen und die Unternehmensleitung sein, wenn im Falle eines Verstoßes nachgewiesen werden kann, dass der Täter eine angemessene Schulung erhalten hatte.

5.1.7 Keine Buchung ohne Beleg

Es sollte auch unter dem Gesichtspunkt der Korruptionsvermeidung generell ausgeschlossen werden, dass Zahlungen und Buchungen ohne Beleg erfolgen. Alle Belege sollen den genauen Zweck der Verwendung der Zahlung und den Empfänger enthalten müssen.

5.1.8 Analyse von korruptionsgefährdeten Bereichen und Vorgängen

Es empfiehlt sich, systematisch und regelmäßig zu analysieren, ob und ggf. wo im Unternehmen korruptionsanfällige Geschäftstätigkeiten oder Bereiche existieren, z. B.:

- Geschäftstätigkeiten in korruptionsanfälligen Ländern (diese zeichnen sich häufig durch das Fehlen von Doppelbesteuerungsabkommen und strenge Bankgeheimnisse aus; vgl. auch das Länder-Ranking „Corruption Perception Index" von Transparency International, www.transparency.org),
- Umgang mit hohen Einkaufsvolumina und
- Teilnahmen an öffentlichen Ausschreibungen.

> **WICHTIG**
>
> Das Ergebnis der systematischen Analyse von Korruptionsrisiken sollte dokumentiert werden. Eine nachvollziehbare Dokumentation der methodischen Herangehensweise an die Analyse von Korruptionsrisiken ist Bestandteil des Nachweises gegenüber externen Stellen (etwa Strafverfolgungsbehörden), dass angemessene Maßnahmen zur Korruptionsbekämpfung eingeführt wurden, wie sie z. B. vom UK Bribery Act vorgeschrieben werden.

Der Turnus, in dem eine solche Risikoeinschätzung erneut vorgenommen wird, sowie Anlässe für eine außerordentliche Überprüfung sollten in der Dokumentation ebenfalls definiert werden.

Korruptionsanfälligen Bereichen und Abläufen ist erhöhte Aufmerksamkeit zu widmen. Als Anti-Korruptionsmaßnahmen eignen sich beispielsweise:

- Aufklärungsarbeit und Schulungen,
- Durchführung eines ständigen Monitorings bzw. von Stichproben,
- Erarbeitung eines Auditplans,
- Durchführung von internen Anti-Korruptionsaudits (z. B. durch die Revisions- oder Compliance-Abteilung),
- Ergänzung der internen Audits durch externe Prüfungen (z. B. durch einen Rechtsanwalt, Wirtschaftsprüfer oder Unternehmensberater) und
- Durchführung von nicht angekündigten Auftrags- und Vertragsüberprüfungen.

5.1.9 Trennung von Zuständigkeiten bei Rechnungsprüfungen und Zahlungsfreigaben

Die Funktionen „Rechnungsprüfungen" und „Zahlungsfreigaben" sollten organisatorisch und personell getrennt werden. Dieser Grundsatz sollte in einer entsprechenden Richtlinie oder Arbeitsanweisung ausdrücklich niedergelegt werden.

Weiterhin sollte durch interne Kontrollmaßnahmen überprüft und sichergestellt werden, dass dieser Grundsatz in den täglichen Arbeitsabläufen auch tatsächlich eingehalten wird. Abweichungen von diesem Grundsatz sollten nicht geduldet werden.

5.1.10 Vier-Augen-Prinzip für Zahlungsfreigaben

Für Zahlungsfreigaben sollte ein Vier-Augen-Prinzip eingeführt werden. Bei wichtigen Zahlungen (z. B. ab einer bestimmten Wertschwelle oder bei besonderen Anlässen wie Spenden, Sponsoring) sollten darüber hinaus ggf. zusätzliche Freigabevoraussetzungen eingeführt werden, wie beispielsweise die zwingende Einbeziehung der Geschäftsführung, der Compliance-Abteilung o. Ä.

Als weitere Vorbeugungsmaßnahme können definierte Zuständigkeitswechsel im Bereich Zahlungsfreigaben vorgesehen werden (so genannte Job Rotations).

5.1.11 Meldung von Bestechungsversuchen

Die Anti-Korruptionsrichtlinie sollte — unter Beachtung eventueller Mitbestimmungsrechte des Betriebsrates nach dem BetrVG — ausdrücklich vorsehen, dass Bestechungsversuche von Dritten gegenüber den eigenen Mitarbeitern unverzüglich zu melden sind. In der Richtlinie sollte die hierfür zuständige Meldestelle (z. B. Compliance-Abteilung, Compliance-Hotline o. Ä.) benannt werden. Es sollte dabei sichergestellt sein, dass Anhaltspunkte für Korruption auch anonym gemeldet werden können. Mitarbeiter, die tätigkeitsbedingt typischerweise auf solche Vorgänge stoßen können (z. B. Mitarbeiter in den Bereichen Buchhaltung, Controlling oder Revision) sollten besonders sensibilisiert werden, Korruptionsfälle aufzugreifen und zu berichten.

5.1.12 Ablaufplan bei Korruptionsverdacht

Liegen Anhaltspunkte für Korruption vor, sollte nach einem vorab definierten Maßnahmenplan vorgegangen werden. Insbesondere folgende Aspekte sollten geprüft werden:

- Welche Personen im Unternehmen sind unverzüglich zu informieren (Unternehmensleitung, Compliance, Recht etc.)?
- Ist eine unverzügliche Information des Kapitalmarktes erforderlich (z. B. Ad-hoc-Mitteilungspflicht nach dem WpHG)?
- Muss eine Aufsichts- oder Regulierungsbehörde verständigt werden?
- Werden die Strafverfolgungsbehörden (Polizei, Staatsanwaltschaft) einbezogen?
- Welche Beweissicherungsmaßnahmen können getroffen werden?
- Sind weitere Aufklärungen notwendig?
- Wer kann zur Aufklärung beitragen?
- Sind der betroffene Vorgesetzte und/oder die Personalabteilung einzubeziehen?
- Gibt es eine angemessene interne und externe Kommunikation in Reaktion auf die Vorfälle?
- Bestehen Obliegenheiten zur Meldung an Versicherungen?
- Welche Schadensminderungsmaßnahmen können/müssen ergriffen werden?

5.1.13 Kommunikationsstrategie

Neben der Aufklärung von Anhaltspunkten für eine eventuelle Korruption und der Sanktionierung aufgedeckter Fälle ist es äußerst wichtig, dass eine klare Kommunikationsstrategie sowohl für die interne als auch für die externe Kommunikation besteht.

- Für die externe Kommunikation ist entscheidend, dass das Unternehmen „mit einer Stimme" spricht und deutlich macht, dass solche Verhaltensweisen nicht geduldet, sondern konsequent aufgeklärt werden.
- Bei der internen Kommunikation ist wichtig, dass die Mitarbeiter den Vorfall nicht nur aus den Medien erfahren, sondern direkt von ihrer Unternehmensleitung informiert werden. Zugleich sollte die Unternehmensleitung deutlich machen, dass der jeweilige Verstoß nicht geduldet, sondern aufgeklärt und sanktioniert wird.

5.1.14 Analyse von Buchungsvorgängen

Systematische Analysen von Buchungsvorgängen unter dem Gesichtspunkt der Aufdeckung von Korruptionsfällen sind wichtige Präventions- und zugleich Kontrollmaßnahmen. Wenn allgemein bekannt ist, dass die Buchungsvorgänge systematisch auch unter diesem Gesichtspunkt analysiert werden, erhöht sich die Hemmschwelle für illegale Aktivitäten. Es muss zusätzlich sichergestellt werden, dass keine Zahlungen oder sonstige Leistungen außerhalb der Buchhaltung möglich sind. IT-Tools können helfen, das Buchungsjournal nach einer Reihe von definierten Auswertungskriterien auszuwerten (z. B. Buchungen an Feiertagen, Auswertung nach bestimmten Lieferanten, signifikantes Abweichen vom Buchungsverhalten der Vergleichsgruppe o. Ä.). Solche IT-gestützten Analysen können erste Hinweise auf Unregelmäßigkeiten liefern. Erforderlich ist meist noch eine zusätzliche „händische" Prüfung, bei der Konten näher untersucht, Aufklärungsgespräche geführt werden etc.

> **! WICHTIG**
>
> Sofern eine technische Überwachungseinrichtung geeignet ist, das Verhalten von Mitarbeitern zu kontrollieren, ist ein Mitbestimmungsrecht des Betriebsrates zu beachten.

Auch im Rahmen der steuerlichen Betriebsprüfung werden zunehmend elektronische Kontrollen eingesetzt. Schmiergelder sind seit dem 01. Januar 1999 nicht mehr als „nützliche Aufwendungen" bei den Betriebsausgaben absetzbar (vgl. § 4 Abs. 5 Satz 1 Nr. 10 EStG); Verstöße erfüllen den Tatbestand der Steuerhinterziehung. Dies gilt auch für die Bestechung

- von ausländischen Amtsträgern (vgl. Gesetz zu dem Übereinkommen vom 17. Dezember 1997 über die Bekämpfung der Bestechung ausländischer Amtsträger im internationalen Geschäftsverkehr, IntBestG) und
- von Richtern und Amtsträgern eines anderen Mitgliedstaates der Europäischen Union und der Europäischen Gemeinschaften sowie Gemeinschaftsbeamten und Mitgliedern der Kommission und des Rechnungshofes der Europäischen Gemeinschaften (vgl. Gesetz zu dem Protokoll vom 27. September 1996 zum Übereinkommen über den Schutz der finanziellen Interessen der Europäischen Gemeinschaften).

Entsprechende Verdachtsmomente müssen von den Betriebsprüfern an die Staatsanwaltschaft gemeldet werden; ein Ermessensspielraum besteht nicht. Ansonsten würde sich der Betriebsprüfer selbst dem Vorwurf der Strafvereitelung im Amt (vgl. § 258a StGB) aussetzen.

5.1.15 Zentrale Finanzbuchhaltung und Kontenplan

Ein wichtiger Baustein zur Einschränkung von Korruptionsmöglichkeiten ist eine zentrale Finanzbuchhaltung, in die alle Buchungsvorgänge einfließen. Das Führen verschiedener, nicht konsolidierter Buchhaltungen erleichtert den Missbrauch mangels eines zentralen Überblicks.

Die Verwendung eines einheitlichen und klaren Kontenplans im gesamten Unternehmen bzw. Konzern erschwert Unregelmäßigkeiten einzelner Personen und erleichtert die Aufdeckung von Verstößen. Es sollte unbedingt sichergestellt und festgelegt sein, dass Konten, die in diesem Kontenplan nicht enthalten sind, angezeigt und ausdrücklich genehmigt werden müssen (z. B. Treuhandkonten oder weitere Bankkonten).

Die Nutzung von allgemein gehaltenen Kontenpositionen (z. B. „Verschiedenes") muss eng beschränkt bleiben; die Hintergründe solcher Buchungen müssen genau dokumentiert werden.

Das Führen „schwarzer Kassen" ist als strafbare Untreue (vgl. § 266 StGB) eingestuft worden. Das Argument, dass dem Unternehmen durch solche Kassen kein Schaden entstanden sei, da es wegen Schmiergeldern zusätzliche Aufträge erhalten habe, ist von der Rechtsprechung ausdrücklich nicht anerkannt worden.

5.1.16 Benennung des Endempfängers bei Zahlungen

Eine Verbuchung von Zahlungen, bei denen der Endempfänger nicht benannt werden kann, sollte ausdrücklich ausgeschlossen sein. Ein Abzug solcher Zahlungen z. B. als Betriebsausgaben ist steuerrechtlich unzulässig, sofern nicht ein Auskunftsverweigerungsrecht eingreift (vgl. § 160 AO).

5.1.17 Anti-Korruptionsbeauftragter

Die Einsetzung eines Anti-Korruptionsbeauftragten im Unternehmen (ggf. in Personalunion mit der Compliance-Funktion) kann die Entschlossenheit der Unternehmensleitung dokumentieren, entschieden gegen Korruption vorzugehen. Sie empfiehlt sich insbesondere dann, wenn das Unternehmen in neuralgischen Geschäftsfeldern oder besonders korruptionsanfälligen Ländern aktiv ist (vgl. das Länder-Ranking „Corruption Perception Index" von Transparency International, www.transparency.org).

Der Korruptionsbeauftragte muss zum einen mit den geltenden anwendbaren nationalen und ausländischen gesetzlichen Vorschriften, Kodices etc. im Bereich Bestechung und Bestechlichkeit sowie den Compliance-Regelungen, insbesondere der internen Anti-Korruptionsrichtlinie, gut vertraut sein. Er muss daneben die Geschäftstätigkeiten des Unternehmens sowie dessen Strukturen (etwa hinsichtlich der Vertriebspartner) kennen, um korruptionsgefährdete Bereiche und Prozesse erkennen und beurteilen zu können.

5.1.18 Aufklärung und Aufarbeitung von Korruptionsfällen

Die zügige und systematische Aufklärung (ggf. in Zusammenarbeit mit externen Stellen wie der Staatsanwaltschaft, Wirtschaftsprüfergesellschaften, Anwaltskanzleien o. Ä.) ist ein wichtiges Signal sowohl nach außen als auch gegenüber den eigenen Beschäftigten, dass das Unternehmen keinerlei Unregelmäßigkeiten duldet. Eine konsequente und schnelle Aufarbeitung kann die Haftung bzw. Bußgelder oder Strafen vermindern oder sogar ganz vermeiden helfen.

Für die Unternehmensleitung gelten erhöhte Kontrollpflichten, wenn zuvor bereits Rechtsverstöße im Unternehmen vorgekommen sind.

5.1.19 Abhilfemaßnahmen

Nach Korruptionsfällen ist es wichtig, dass sich das Unternehmen als „lernende Organisation" versteht und auch so zeigt. Es ist daher wichtig, dass bei aufgetretenen Fällen von Korruption alle erforderlichen und sinnvollen Abhilfemaßnahmen veranlasst werden (z. B. verbesserte Aufklärungs- und Kontrollmaßnahmen). Dies kann dazu beitragen, die Höhe einer Haftung, eines Bußgeldes oder einer Strafe positiv zu beeinflussen.

5.1.20 Sanktionen bei Korruptionsfällen

Wichtiges Signal der Unternehmensleitung an die Organisation ist es, gegen die Täter von Korruption umgehend Sanktionen auszusprechen (z. B. Freistellung, fristlose Kündigung).

Eine fristlose Kündigung kann allerdings unwirksam sein, wenn der Arbeitnehmer Veranlassung hatte anzunehmen, dass der Arbeitgeber sein Verhalten akzeptiert.

Durfte er aus vertretbaren Gründen annehmen, dass er nicht pflichtwidrig handelt, kann es an der Rechtfertigung für die Kündigung fehlen. Auch aus diesem Grund ist es wichtig, allen Mitarbeitern klar aufzuzeigen, dass Korruptionsmaßnahmen keinesfalls geduldet werden.

Durch die Kommunikation von Sanktionen im Falle von Unregelmäßigkeiten im Unternehmen wird allen Mitarbeitern bewusst gemacht, dass solche Taten nicht toleriert und geahndet werden („Null-Toleranz-Politik"). So tragen die Sanktionen zur Vorbeugung gegen künftige Unregelmäßigkeiten bei. Die Kommunikation muss unter Beachtung

- der Persönlichkeitsrechte des Betroffenen, das heißt ggf. ohne Nennung des Namens, und
- der Unschuldsvermutung

erfolgen.

5.1.21 Zusammenarbeit mit Strafverfolgungsbehörden

Die Zusammenarbeit mit den zuständigen Strafverfolgungsbehörden (Polizei, Staatsanwaltschaft) bei Unregelmäßigkeiten mit eventueller Strafrechtsrelevanz signalisiert den Beschäftigten sowie den Stakeholdern (z. B. Anlegern, Kunden, Lieferanten etc.), dass das Unternehmen die Korruptionsbekämpfung ernst nimmt.

Seit dem 1. September 2009 sieht § 46b StGB eine Kronzeugenregelung vor, die auch für Bestechungsdelikte gilt. Selbst wer eine besonders schwere Bestechung im geschäftlichen Verkehr begangen hat, kann eine Strafmilderung dadurch erreichen, dass er freiwillig sein Wissen über eine besonders schwere Bestechung im geschäftlichen Verkehr eines anderen vor Eröffnung eines Hauptverfahrens den Strafverfolgungsbehörden offenbart. Wer selbst als Täter an der Tat beteiligt war, kann die Kronzeugenregelung nur in Anspruch nehmen, wenn sich sein Beitrag zur Aufklärung über den eigenen Tatbeitrag hinaus erstreckt. Die Wahrscheinlichkeit, dass Mitarbeiter eines Unternehmens gegenüber den Ermittlungsbehörden ihr Wissen offenbaren, um selbst möglichst milde oder gar nicht bestraft zu werden, ist durch die Kronzeugenregelung erhöht.

Auch das Unternehmen selbst kann von der Kronzeugenregelung profitieren: Es kann sich — beispielsweise im Rahmen eines Bußgeldverfahrens nach § 30 OWiG — auf den hinter § 46b StGB stehenden Gedanken berufen, wenn es aktive Aufklärungshilfe betreibt, was sich günstig auf die Höhe eines Bußgelds auswirken kann.

5.1.22 Diskriminierungsverbot bei Korruptionsmeldungen

Das Verbot der Diskriminierung im Falle des Aufdeckens oder Meldens von Anhaltspunkten für Korruption oder Bestechung sollte in der Unternehmens- bzw. Konzern-Richtlinie zur Verhinderung von Korruption und Bestechung ausdrücklich erwähnt werden. Die Unternehmensleitung muss auch tatsächlich sicherstellen, dass in solchen Fällen keine Maßregelungen erfolgen, es sei denn, die meldende Person hat sich unredlich verhalten, etwa weil sie eine andere Person anschwärzen wollte. Ein Anschwärzen kann vorliegen, wenn die meldende Person ausschließlich eigennützige Interessen verfolgt und keine Anhaltspunkte oder Tatsachen, sondern lediglich Gerüchte vorbringt, die sich dann auch als unzutreffend erweisen.

5.1.23 Korruptionsmaßnahmen und Risikoüberwachungssystem

Korruptionsfälle können für Unternehmen zu existenzbedrohenden Sanktionen führen. Die Directors and Officers Liability Insurance (D&O-Haftpflichtversicherung) greift bei bewusstem Verhalten, wie es in der Regel bei Korruptionsfällen vorliegt, nicht ein.

Es empfiehlt sich daher auch unter diesem Gesichtspunkt, dass alle Maßnahmen zur Korruptionsbekämpfung zugleich in das unternehmens- bzw. konzernweite Risikoüberwachungssystem eingebunden sind.

5.1.24 Internes Kontrollsystem

Alle Unternehmensbereiche und Tochtergesellschaften sollten nach einem festgelegten, planmäßigen internen Kontrollsystem (IKS) regelmäßig unter Korruptionsgesichtspunkten überprüft werden. Die Prüfungen sollten durch neutrale Prüfpersonen vorgenommen werden (z. B. aus dem Bereich Revision oder durch externe Dienstleister).

Das Ergebnis der Prüfungen sollte dokumentiert und an die Geschäftsleitung berichtet werden.

5.1.25 Korruptionsfälle bei Konkurrenten

Werden Korruptionsfälle bei Wettbewerbern bekannt, so empfiehlt es sich zum einen zu überprüfen, ob ausreichende Maßnahmen umgesetzt sind, um strukturell ähnlich gelagerte Fälle im eigenen Unternehmen zu vermeiden.

Zum anderen kann es sich anbieten, die Informationsansprüche aufgrund der Informationsfreiheitsgesetze (in Deutschland: des Bundes und der Länder) zu nutzen, um in Erfahrung zu bringen, ob Korruptionsfälle des Wettbewerbers möglicherweise zu einer Schädigung des eigenen Unternehmens geführt haben könnten — etwa weil dort zur Erlangung von Aufträgen im Rahmen von Ausschreibungen Schmiergelder eingesetzt wurden. Auskunftserteilung und Akteneinsicht können auch mit dem Zweck beantragt werden, die Durchsetzung zivilrechtlicher Ansprüche gegen einen Schädiger vorzubereiten.

5.2 Compliance im Vertrieb

5.2.1 Vertriebsrichtlinie

Der Vertrieb ist in besonderem Maße von Compliance-Themen betroffen.

Typischerweise werden im Vertrieb die folgenden Themen relevant:

- Vermeidung von Kartellrechtsverstößen wie Preis-, Gebiets-, Angebotsabsprachen, Austausch sensitiver Informationen mit Wettbewerbern,
- Regelungen über den Umgang mit Geschenken, Bewirtungen, Spenden, Sponsoring etc.,
- Verwendung von Vertragsstandards für Vertriebs-/Verkaufsverträge und allgemeine Verkaufsbedingungen,
- Prüfung von Geschäftspartnern (Business Partner Checks, siehe auch Kap. 4.10),
- Schriftformerfordernis für alle Vertriebsvereinbarungen einschließlich Nebenvereinbarungen (insbesondere für Provisionsvereinbarungen),
- Genehmigungs- bzw. Freigabepflichten im Falle des Abweichens von den Vertragsstandards im Vertrieb bzw. den Allgemeinen Verkaufsbedingungen,
- Verwendung von ausschließlich lauteren Methoden zur Beschaffung von Informationen über Wettbewerber und Märkte,
- Meldepflichten bei Bestechungsversuchen,

Compliance-Themenfelder

- Verhalten bei der Verbandsarbeit,
- Benennung von Ansprechpartnern und Kontaktdaten für Compliance-Fragen oder Beratungsbedarf etc.

Die spezifischen Compliance-Themen, die den Vertrieb betreffen, sollten in einer Vertriebsrichtlinie geregelt werden.

5.2.2 Compliance-Schulungen

Compliance-Schulungen für Vertriebsmitarbeiter sind ein wichtiger Bestandteil der Compliance-Vorkehrungen. Gegenstand der Schulungen sollten insbesondere die im Kapitel zuvor genannten Themen sein. Es empfiehlt sich, anhand von konkreten Fallbeispielen den Umgang mit Compliance-Themen im Vertrieb zu verdeutlichen.

Die Schulungen sollten in einem regelmäßigen Turnus stattfinden, um auch neu eingetretene Mitarbeiter einzubeziehen bzw. die Kenntnisse bei den übrigen Personen aufzufrischen und zu aktualisieren. Wichtig ist es zu signalisieren, dass die Schulungen nicht als „notwendige Pflichtübung" durchgeführt werden, sondern dass die Bedeutung und Ernsthaftigkeit der Compliance-Aspekte auch durch das Topmanagement kommuniziert wird.

Die Teilnahme an Schulungen sollte für Nachweiszwecke dokumentiert werden. Die Dokumentation sollte folgende Informationen zur Schulung enthalten:

- Datum,
- Thema,
- Teilnehmer,
- Schulungsinhalte,
- ggf. Testergebnis etc.

Die Dokumentation kann im Falle eines Bußgeldverfahrens gegen das Unternehmen oder in arbeitsrechtlichen Streitigkeiten relevant werden.

5.2.3 Zusammenarbeit mit externen Vertriebspartnern

Den externen Vertriebspartnern (beispielsweise Handelsvertretern, Vertragshändlern, Kommissionären, Franchisenehmern, Resellern etc.) sollten die Vertriebsrichtlinie oder vergleichbare Compliance-Dokumente (z. B. der Code of Conduct) des Unternehmens zur Kenntnis gegeben werden.

Darüber hinaus kann von den externen Vertriebspartnern die rechtlich verbindliche Anerkennung dieser Regelungen eingefordert werden, z. B. mithilfe entsprechender Klauseln in den Standard-Vertriebsverträgen. Den externen Vertriebspartnern sollte dabei signalisiert werden, dass ein Verstoß gegen die Regelungen das Unternehmen zu einer fristlosen Kündigung des Vertriebsvertrages berechtigt und die Geltendmachung weitergehender Schäden nicht ausgeschlossen ist.

5.2.4 Verträge mit externen Vertriebspartnern

Die Einrichtung einer zentralen vorherigen Prüfungs- und Genehmigungspflicht für alle Vertriebsverträge trägt zur Sicherstellung von Compliance im Vertrieb bei. Zum einen erschwert dies kollusives Handeln zwischen Vertriebsmitarbeitern und externen Personen. Zum anderen erleichtert es die Überprüfung der bestehenden vertraglichen Situation mit einem bestimmten Vertriebspartner. Zugleich kann hiermit sichergestellt werden, dass die jeweils aktuelle Fassung der Vertriebsverträge, die auch alle geltenden Compliance-Gesichtspunkte berücksichtigt, verwendet wird.

5.2.5 Provisionsverträge mit externen Vertriebspartnern

Die an externe Vertriebspartner im In- und Ausland zu zahlenden Provisionen und sonstigen Entgelte sollten schriftlich klar vereinbart sein, um Unregelmäßigkeiten zu erschweren. Das Erfordernis der schriftlichen Vereinbarung ermöglicht Vertragsprüfungen im Rahmen von Audit- oder Revisionsmaßnahmen.

5.2.6 Vergütungen und Provisionen für externe Vertriebspartner

Eine systematische Prüfung der an externe Vertriebspartner im In- und Ausland gezahlten Vergütungen und Provisionen unter dem Gesichtspunkt der Angemessenheit und ordnungsgemäßen Verbuchung soll Compliance-Verstöße erschweren bzw. verhindern helfen. Es muss festgelegt und durch interne Organisationsmaßnahmen sichergestellt sein, dass keine Zahlungen erfolgen, die nicht von den intern für Zahlungsfreigaben und -durchführungen zuständigen Personen veranlasst worden sind.

5.2.7 Überprüfung der externen Vertriebspartner

Vor Einschaltung eines externen Vertriebspartners sollten im Wege einer Due-Diligence-Prüfung dessen fachliche Kompetenz und Integrität überprüft werden. Es empfiehlt sich, eventuelle Unterlagen (z. B. Handelsregisterauszug, Zertifizierungen, Jahresabschlüsse samt Testaten etc.) und Referenzen einzufordern.

In dem möglichst schriftlich abzuschließenden Vertriebsvertrag sollten die zu erbringenden Vertriebsleistungen sowie die Provision bzw. Vergütung einschließlich ihrer Voraussetzungen eindeutig geregelt werden.

5.2.8 Verwendung von standardisierten Bedingungen

Die Verwendung von standardisierten Verkaufs- und Vertriebsverträgen bzw. standardisierten Verkaufsbedingungen erschwert Unregelmäßigkeiten durch individuelle Vereinbarungen zwischen einem Vertriebsmitarbeiter und dem Vertragspartner.

Das Abweichen von existierenden Standards sollte einem gesonderten Freigabe- bzw. Genehmigungsprozess unterworfen werden. Hierfür sollte eine klare Zuständigkeit (z. B. der Rechtsabteilung oder der Geschäftsführung) definiert und bekannt gemacht werden.

5.2.9 Auftrags- und Vertragsprüfungen im Vertrieb

Als Element eines Compliance-Monitorings sollten regelmäßig und systematisch Auftrags- bzw. Vertragsprüfungen in allen in- und ausländischen Vertriebsbereichen stattfinden, etwa nach der Stichprobenmethode.

Verträge sollten u. a. unter den Gesichtspunkten geprüft werden, ob:

- die internen Vertragsstandards verwendet wurden,
- die internen Freigabe- und Zeichnungsberechtigungen eingehalten wurden,
- die vereinbarten Vergütungen bzw. Provisionen angemessen sind und den definierten bzw. üblichen Vergütungen entsprechen,
- den sonstigen Regelungen der Vertriebsrichtlinie nachgekommen wurde und
- alle Vertriebsvereinbarungen ordnungsgemäß dokumentiert wurden.

5.2.10 Keine Zahlungen auf Nummernkonten oder Konten in Steueroasen

Um eine Beihilfe zu Geldwäsche, Steuerhinterziehung oder andere Rechtsverstöße zu vermeiden, sollte ausgeschlossen werden, dass die Zahlung von Vergütungen und Provisionen an externe Vertriebspartner auf Nummernkonten oder Konten in Steueroasen erfolgen. Dies kann durch Standardklauseln in den Vertriebsverträgen abgesichert werden.

5.2.11 Incentivierungs- und Bonus-Modelle für Vertriebsmitarbeiter

Die Vergütungsmodelle für Vertriebsmitarbeiter können je nach deren Gestaltung entweder Anreiz dafür sein, sich über Compliance-Vorgaben hinwegzusetzen oder, im Gegenteil, die Vorgaben gerade einzuhalten. Daher empfiehlt es sich, die Vergütungsmodelle für Vertriebsmitarbeiter, insbesondere hinsichtlich der variablen Komponenten, daraufhin zu überprüfen, dass sie geeignet sind, die Einhaltung von Compliance-Vorgaben zu fördern.

> **BEISPIEL**
> So können ausdrückliche vertragliche Regelungen in die Anstellungsverträge aufgenommen werden, dass — vorbehaltlich weitergehender arbeitsrechtlicher oder sonstiger Sanktionen — alle variablen Vergütungsbestandteile vollständig entfallen, wenn der Mitarbeiter schuldhaft (also vorsätzlich oder fahrlässig) einen Compliance-Verstoß begeht.

5.2.12 Reisekosten- und Spesenabrechnungen

Reisekosten- und Spesenabrechnungen sollten systematisch auch inhaltlich geprüft werden. In ihnen können sich — neben unkorrekten Abrechnungen — ggf. auch andere Compliance-Verstöße nachvollziehen lassen.

5.2.13 Auffälligkeiten bei der Pflege von Kundenbeziehungen

Unangemessene Geschenke, Bewirtungen, Spenden, Sponsoring-Maßnahmen oder sonstige Auffälligkeiten bei der Pflege von Kundenbeziehungen können Anhaltspunkte für Compliance-Verstöße sein, denen nachzugehen ist. Für Kunden-

Compliance-Themenfelder

bindungsmaßnahmen kann die Einhaltung von Genehmigungsprozessen eingefordert werden (z. B. für Spenden, Geschenke, Sponsoring etc.). Diese Vorgänge sollten systematisch im Nachhinein überprüft werden.

5.2.14 Durchführung von Job Rotations im Vertrieb

Als Compliance-Vorbeugungsmaßnahme bietet es sich an, im Vertrieb — unter Beachtung arbeitsrechtlicher Vorgaben — systematisch und nach einem gewissen Zeitraum Zuständigkeitswechsel durchzuführen (sog. Job Rotations). So können zu enge Vertrauensbeziehungen zwischen Vertriebsmitarbeitern und Geschäftspartnern vermieden werden, die Compliance-Verstöße begünstigen.

5.2.15 Beschaffung von Informationen über Märkte und Wettbewerber

Die Vertriebsrichtlinie sollte u. a. vorschreiben, dass bei der Beschaffung von Informationen über Märkte und Wettbewerber nur lautere Mittel eingesetzt werden dürfen und die wettbewerbsrechtlichen Vorschriften einzuhalten sind (in Deutschland insbesondere das Gesetz gegen den unlauteren Wettbewerb). Sie sollte ggf. Fallbeispiele zu unlauterem Verhalten enthalten.

5.3 Compliance im Einkauf

Unter Compliance-Gesichtspunkten steht auch der Bereich „Einkauf" im Fokus. Typische Compliance-Themen in diesem Bereich sind beispielsweise die Ordnungsmäßigkeit von Beschaffungsprozessen, Zuständigkeiten und Freigabegrenzen in Bezug auf Bestellungen, die Annahme von Geschenken, die Gefahr von Kick-back-Zahlungen etc.

5.3.1 Richtlinien für den Bereich Einkauf

Es empfiehlt sich, für alle mit dem Einkauf befassten Personen des Unternehmens Richtlinien aufzustellen (z. B. „Beschaffungsvorschriften", „Einkaufsrichtlinie"), die insbesondere folgende Themen regeln:

- Geltungsbereich (z. B. konzernweit einschließlich Mehrheitsbeteiligungen),
- verbindliche Verhaltensgrundsätze für den Einkauf,
- Beschreibung der Einkaufsorganisation,
- Definition von Zuständigkeiten (z. B. für die Einholung von Angeboten),
- (Un-)Zulässigkeit von Direkteinkäufen durch Fachabteilungen und eventuelle Ausnahmen,
- Definition von Prozessen (z. B. für die Zusammenarbeit von Fachbereichen und Einkauf),
- Vier-Augen-Prinzip (bzw. Sechs-Augen-Prinzip) für Freigaben und Unterschriftserteilung,
- verbindliche Bedarfsmeldungen,
- ggf. Verwendung von Online-Bestellplattformen,
- Durchführung von Ausschreibungen,
- Zuständigkeit für die Kontrolle der Einhaltung (z. B. Revision) etc.

Die Einkaufsrichtlinie sollte mit einem Revisionsstand versehen werden, so dass jederzeit nachvollzogen werden kann, ob den betroffenen Mitarbeitern die aktuell gültige Fassung vorliegt.

Wichtig für die Einhaltung der Verhaltensgrundsätze und Zuständigkeiten ist nicht nur die Existenz von Einkaufsrichtlinien, sondern auch deren Kommunikation an alle Betroffenen. Zum einen müssen sie bei den Einkäufern selbst bekannt sein, zum anderen müssen die Betroffenen aller Bereiche, in denen Einkaufs- bzw. Beschaffungsbedarf entsteht, diese Richtlinien kennen.

Es empfiehlt sich, die Einkaufs-Richtlinien oder Verhaltensgrundsätze für alle Personen im Bereich Einkauf rechtlich verbindlich zu machen. Dies kann etwa durch Gegenzeichnung einer Erklärung erfolgen, wonach diese die Einkaufs-Richtlinien bzw. Verhaltensgrundsätze als rechtlich verbindlich anerkennen. Ihre Geltung kann ferner auch standardmäßig in den Anstellungsverträgen geregelt werden.

Es empfiehlt sich ferner, den Verhandlungs- und Vertragspartnern des Einkaufs (insbesondere Lieferanten, Dienstleistern) die geltenden Einkaufsstandards und -anforderungen klar zu kommunizieren. Dies sollte bereits bei der Begründung der Geschäftsbeziehung erfolgen. Hierzu können die geltenden Compliance-Standards an den Lieferanten oder Dienstleister übermittelt werden mit dem ausdrücklichen Hinweis darauf, dass eine Missachtung dieser Standards zu einem Ausschluss von Liefer- oder Dienstleistungsbeziehungen führen kann. Es kann sinnvoll sein, alle Lieferanten, Dienstleister und Vermittler des Unternehmens aufzufordern, die geltenden Einkaufsrichtlinien oder Verhaltensgrundsätze als rechtlich verbindlich anzuerkennen und/oder eine „Integritätserklärung" einzuholen.

Die Liefer- bzw. Dienstleistungsbeziehung kann von dieser Anerkennung abhängig gemacht werden.

Vertragliche Integritäts- und Kooperationsklauseln regeln üblicherweise die folgenden Punkte:

- Pflicht des Auftragnehmers, Maßnahmen gegen vorsätzliche Pflichtverstöße im Zusammenhang mit der Anbahnung, Vergabe oder Durchführung von Aufträgen (Korruption, Unterschlagung, Untreue, Betrug etc.) zu treffen,
- möglicher Ausschluss von weiteren Aufträgen oder Ausschreibungen im Falle solcher Pflichtverstöße,
- Pflicht zur Mitwirkung bei der Aufklärung und Pflicht zur Herausgabe entsprechender Informationen,
- ggf. Vertragsstrafen.

In den Verträgen sollte auch eine ausdrückliche Klausel enthalten sein, dass ein Verstoß gegen die geltenden Einkaufsstandards bzw. -Richtlinien das Unternehmen zur (fristlosen) Kündigung der Liefer- bzw. Leistungsbeziehung berechtigt.

5.3.2 Transparente Beschaffungsprozesse

Transparenz ist ein wesentlicher Faktor für die Vermeidung von Unregelmäßigkeiten. Daher sollten Beschaffungsprozesse transparent und nachvollziehbar geregelt sein, u. a. durch

- die Pflicht zur Erstellung von Leistungsverzeichnissen,
- Ausschreibungsregeln (Zuständigkeit für die Durchführung von Ausschreibungen, Wertgrenzen etc.),
- Vergaberegeln für freie Vergaben (das heißt Bestellungen ohne formelle Ausschreibung),
- Festlegung von Reklamationsprozessen und
- klare Regelungen für die Zahlungsabwicklung.

Diese Transparenz sollte nicht nur gegenüber internen Beschäftigten, sondern auch für sachkundige Dritte erzeugt werden.

Nicht nur Erstaufträge, sondern auch Anschlussaufträge (z. B. Nachträge) sollten systematisch auf Notwendigkeit und Angemessenheit kontrolliert werden, damit die Transparenz und Korrektheit des gesamten Bestellprozesses nicht in einem späteren Stadium untergraben werden können.

5.3.3 Pre-Employment Checks

Es empfiehlt sich, die Integrität neuer Mitarbeiter im Bereich Einkauf noch vor deren Einstellung zu überprüfen. Hierzu bieten sich beispielsweise an:

- die Befragung von Referenzgebern,
- das Verlangen nach Vorlage von Original-Dokumenten und
- ggf. die Durchführung von Persönlichkeitsintegritätstests.

Finden sich dabei Anhaltspunkte für Unregelmäßigkeiten oder unerklärbare Lücken (z. B. falsche Angaben im Lebenslauf, fehlende Zeugnisse), so sollten diese unbedingt aufgeklärt werden, denn sie können auf eine eventuelle Neigung des Bewerbers hindeuten, auch bei der Durchführung seiner Aufgaben im Unternehmen zu nicht regelkonformem Verhalten zu tendieren. Mitbestimmungsrechte des Betriebsrats und Einwilligungspflichten des Betroffenen sind zu beachten.

5.3.4 Klare Vorgaben für Nebentätigkeiten

Für Mitarbeiter des Einkaufsbereichs sollten klare und eindeutige Regelungen im Anstellungsvertrag zu Fragen der Zulässigkeit von Nebentätigkeiten enthalten sein. Insbesondere eine anderweitige Tätigkeit für Lieferanten, Abnehmer, Dienstleister, die mit ihrem Unternehmen in Geschäftsbeziehung stehen oder treten wollen, kann Interessenskonflikte erzeugen.

Kritisch ist ferner, wenn Mitarbeiter eigene Unternehmen betreiben oder daran beteiligt sind, die in Geschäftsbeziehung oder Konkurrenz mit dem Unternehmen stehen.

5.3.5 Verflechtungen mit Lieferanten oder Dienstleistern

Für alle Beschäftigten des Einkaufsbereiches sollte der Grundsatz gelten, dass personelle oder finanzielle Verflechtungen mit Lieferanten oder Dienstleistern des Unternehmens oder dort beschäftigten Personen offengelegt werden müssen. Dies gilt insbesondere für enge Verwandtschaftsverhältnisse oder finanzielle Beteiligungen irgendwelcher Art. Werden solche Verflechtungen bekannt, sollte das Unternehmen Maßnahmen ergreifen, die bereits den Anschein von Interessenskonflikten vermeiden.

Compliance-Themenfelder

5.3.6 Klare Zuständigkeiten bei Beschaffungsprozessen

Im Bereich Einkauf ist die klare Festlegung von Zuständigkeiten für Beschaffungsprozesse wichtig, um Unregelmäßigkeiten zu erschweren. Die Zuständigkeitsregelung kann auch eine sog. Job Rotation vorsehen, d. h., dass nach gewisser Zeit die internen Zuständigkeiten für die Betreuung von Lieferanten, Dienstleistern oder Vermittlern standardmäßig an eine andere Person übergehen. Hierdurch wird eine langfristig zu enge Beziehung zu einem externen Partner verhindert, auf deren Boden ein Zusammenwirken zum Schaden des Unternehmens leichter möglich ist.

5.3.7 Freigaberegelungen

Um korrekt ablaufende Prozesse zu gewährleisten, empfiehlt sich eine klare Definition, welche Auftragssummen, Wertgrenzen oder Arten der Bestellungen etc. von welchen Personen unter welchen Bedingungen freigegeben werden können. Bei sehr hohen Bestell- oder Auftragsvolumina sollten obere Entscheidungsebenen eingebunden sein (z. B. der Leiter des Einkaufs, Geschäftsführer, Vorstand).

Ab einer signifikanten Größenordnung kann sich auch eine per Satzung oder Geschäftsordnung geregelte Vorlagepflicht an Aufsichtsgremien (z. B. Aufsichtsrat oder Beirat) empfehlen.

5.3.8 Mehr-Augen-Prinzip

Das Mehr-Augen-Prinzip ist eine wesentliche Vorbeugemaßnahme zur Verhinderung von Unregelmäßigkeiten durch einzelne Personen. Bei wichtigen Themen im Einkauf (z. B. hohen Einkaufsvolumina o. Ä.) kann es sinnvoll sein, dass mehr als zwei Personen Bestellungen freigeben müssen oder etwa in jedem Fall die Zustimmung eines Geschäftsführers mit eingeholt werden muss.

Entscheidend ist, dass solche Freigaberegelungen auch eingehalten, d. h. von der obersten Unternehmensleitung eingefordert und in der Unternehmenspraxis auch tatsächlich „gelebt" werden.

5.3.9 Einkaufs-Bedarfsmeldungen

Zur Transparenz und Kontrolle der Einkaufsprozesse trägt es bei, wenn Bedarfsmeldungen vorgeschrieben werden, d. h., dass ein Bedarf für den Einkauf von Gütern oder Dienstleistungen zwingend vom Fachbereich bzw. von der operativen Einheit zu melden ist (z. B. ab einem definierten Einkaufsvolumen). Solche Bedarfsmeldungen sollten standardisiert werden (z. B. über das Intranet oder Formulare). Ausnahmen können für bestimmte Bereiche Sinn machen (etwa für geringwertige Bestellungen wie Blumensträuße, kleine Geburtstagsgeschenke bis zu einem bestimmten Betrag o. Ä.).

5.3.10 Meldung von Bestechungsversuchen durch Lieferanten oder Dienstleister

Informationen über Bestechungsversuche erlauben der Unternehmensleitung, sich ein Bild von der Korruptionsgefahr zu machen und wirksame Gegenmaßnahmen zu ergreifen (z. B. Ausschluss bestimmter Lieferanten oder Dienstleister bei künftigen Bestellungen). Es empfiehlt sich daher, solche Meldepflichten verbindlich, z. B. in Einkaufsrichtlinien oder Verhaltenskodices, einzuführen. Es sollte darin auch definiert werden, wem gegenüber eine solche Meldung erfolgen soll (z. B. gegenüber der Geschäftsleitung oder dem Compliance-Verantwortlichen).

Weiterhin sollten solche Meldepflichten auch den (aktuellen und potenziellen) Lieferanten und Dienstleistern kommuniziert werden, um präventiv Bestechungsversuchen entgegenzuwirken.

5.3.11 Ausschreibungen

Ab bestimmten, signifikanten Bestell- oder Auftragswerten kann sich die Durchführung eines systematischen Ausschreibungsprozesses empfehlen. Für Wartungsleistungen, Ausstattungen oder Dienstleistungen, die immer wieder anfallen bzw. beschafft werden müssen (z. B. Büromaterial, Mobiliar, IT-Ausstattung, Kurierdienste, Umzüge, Reinigung, Instandhaltung, Bewachung o. Ä.) sollte vorgegeben werden, dass sie in regelmäßigen Abständen (z. B. alle drei Jahre) auszuschreiben sind, sofern der Einkauf nicht kürzere Ausschreibungszeiträume vorgibt. Als Grundlage für die Ausschreibung bzw. Angebotseinholung soll der betroffene Fachbereich eine genaue und vollständige Leistungsbeschreibung erstellen.

Wenn solche Ausschreibungen nicht formell durchgeführt werden, sollte zumindest eine angemessene Zahl von Angeboten vorab eingeholt werden müssen. Die Einkaufsrichtlinien sollten die geltenden Ausschreibungsgrundsätze klar definieren.

5.3.12 Dokumentation von Einkaufsvorgängen

Jeder Einkaufsvorgang (ab einer bestimmten Wertgrenze) sollte z. B. in einer (elektronischen) Einkaufsakte hinsichtlich Preisanfragen, Preis-, Konditionen- und Qualitätsvergleichen dokumentiert werden. Auch das Ergebnis mündlicher (telefonischer) Preisanfragen und Verhandlungen sollte darin festgehalten werden. In Fällen, in denen nicht der preisgünstigste Anbieter den Zuschlag erhält, sollte die Begründung für den Zuschlag festgehalten werden.

5.3.13 Funktionstrennungen

Eine klare Trennung von Zuständigkeiten für die Vergabe von Aufträgen oder Bestellungen einerseits und die Kontrolle über den Wareneingang oder die Erbringung der Dienstleistung andererseits kann Unterschlagungen oder kollusive Verhaltensweisen erschweren und ist daher als Compliance-Vorsichtsmaßnahme empfehlenswert.

Nicht nur die Trennung der Zuständigkeiten für die Vergabe von Aufträgen oder Bestellungen sowie die Kontrolle über den Wareneingang oder die Erbringung der Dienstleistung, sondern auch die weitere funktionale Trennung der Auftragsvergabe von der Verbuchung der Aufträge erschwert Unregelmäßigkeiten.

5.3.14 Standard-Bestellverträge oder -Aufträge

Die Verwendung von Standard-Dokumenten für Bestellungen oder Aufträge erschwert Unregelmäßigkeiten. Es empfiehlt sich, in den Einkaufsrichtlinien auch vorzugeben, dass Abweichungen von solchen Standards vorab ausdrücklich von anderen zuständigen Stellen im Unternehmen (z. B. der Geschäftsführung oder Rechtsabteilung o. Ä.) freigegeben werden müssen.

5.3.15 Verschwiegenheitsklauseln

Standardmäßig sollten in den Bestellverträgen und Aufträgen des Unternehmens Klauseln enthalten sein, wonach der Vertragspartner (Lieferant, Dienstleister o. Ä.) Stillschweigen über die Vertragsinhalte, insbesondere über Auftragsvolumina und Preise bewahren muss. Dies kann (Preis-)Absprachen zwischen externen Lieferanten oder Dienstleistern zum Nachteil des Unternehmens erschweren. Möglich und hilfreich sind auch Vertragsstrafenregelungen bei Verstößen gegen diese Geheimhaltungspflichten.

5.3.16 Verkauf von nicht mehr benötigten Gütern

Zur Vermeidung von Unregelmäßigkeiten sollte auch definiert werden, wie mit nicht mehr benötigten Wirtschaftsgütern des Unternehmens umgegangen werden soll, insbesondere wer für deren Verkauf zuständig ist.

5.3.17 Anzeige von Missständen bei Einkaufsprozessen

Es kann zur Aufdeckung von Missständen beitragen, wenn sich externe Personen (z. B. Lieferanten oder Dienstleister) in Verdachtsfällen an eine zuständige Stelle des Unternehmens wenden können. Einige Unternehmen haben daher ihre Compliance-Hotline o. Ä. auch für externe Dritte geöffnet. Kennen die externen Personen die richtige Anlaufstelle des Unternehmens für die Anzeige von Missständen nicht, unterlassen sie ggf. die Aufdeckung solcher Verfehlungen. Daher empfiehlt es sich, sie diesen ausdrücklich mitzuteilen, z. B. durch einen standardmäßigen Hinweis auf Rechnungen, in der Geschäftskommunikation, in Einkaufsverträgen etc.

▶ **BEISPIEL**

Ein Einkäufer des Unternehmens unterlässt es möglicherweise eher, einem Lieferanten die Bereitschaft zur Freigabe überhöhter oder fiktiver Rechnungen im Gegenzug zu Kick-back-Zahlungen zu signalisieren, wenn er fürchten muss, dass sich dieser Lieferant an die Compliance-Hotline des Unternehmens wendet.

Besonders effektiv wird diese Maßnahme, wenn externen Lieferanten und Dienstleistern gleichzeitig deutlich gemacht wird, dass sie von allen künftigen Aufträgen oder Bestellungen ausgeschlossen werden, wenn sie in illegitime Verhaltensweisen (wie beispielsweise Kick-back-Zahlungen) involviert sind.

5.4 Datenschutz und Compliance

Der Datenschutz bezweckt den Schutz des Einzelnen vor Verletzungen seines Persönlichkeitsrechts durch den Umgang mit seinen personenbezogenen Daten. In den Schutzbereich fallen natürliche Personen, nicht juristische Personen.

Aufgabe des Datenschutzes ist es, davor zu schützen, dass der Betroffene in seinem Recht beeinträchtigt wird, selbst über die Preisgabe und Verwendung seiner Daten, die personenbezogenen Daten, zu bestimmen (sog. informationelles Selbstbestimmungsrecht).

„Personenbezogene Daten" sind Einzelangaben über persönliche oder sachliche Verhältnisse einer bestimmten oder bestimmbaren natürlichen Person (vgl. § 3 Abs. 1 BDSG). Dazu zählen z. B. Name, Anschrift, private oder berufliche Telefonnummern, berufliche Position etc. Nur wenn solche personenbezogenen Daten erhoben, verarbeitet oder genutzt werden, findet das BDSG Anwendung.

- „Erheben" bedeutet das Beschaffen von Daten über den Betroffenen (vgl. § 3 Abs. 3 BDSG).
- Unter „Verarbeiten" versteht das Gesetz das Speichern, Verändern, Übermitteln, Sperren und Löschen personenbezogener Daten (vgl. § 3 Abs. 4 BDSG).
- „Nutzen" ist jede Verwendung personenbezogener Daten, soweit es sich nicht um Verarbeitung handelt (vgl. § 3 Abs. 5 BDSG).

Aufgrund der zunehmenden Dichte und Komplexität der geltenden rechtlichen Regelungen, der Vielzahl von unbestimmten Rechtsbegriffen und der gravierenden Folgen im Falle von Datenschutzverstößen, ist der Datenschutz mittlerweile ein Kernbereich von Compliance. Die Einhaltung des Datenschutzes unterliegt der Aufsichts- und Überwachungspflicht der Unternehmensleitung (vgl. § 130 OWiG).

Datenschutzverletzungen können erhebliche Folgen nach sich ziehen, beispielsweise im Hinblick auf:

- den Verlust des Kundenvertrauens,
- den Verlust von Geschäftschancen,
- Reputationsschäden,
- Bußgelder,
- Strafen,
- die Haftung des Unternehmens,
- die persönliche Haftung der Beteiligten (z. B. wegen der Verletzung von Aufsichtspflichten).

> **ACHTUNG**
>
> Durch die weltweite mediale Vernetzung können solche Verstöße unter Umständen innerhalb von Sekunden global bekannt werden. Das Unternehmen verliert in solchen Fällen schnell erhebliche Sympathiewerte und ggf. Kunden.

5.4.1 Datenschutzrechtliche Prüfungen

Erhebt, verarbeitet oder nutzt das Unternehmen personenbezogene Daten, ggf. auch als Auftragnehmer für Dritte, ist der Einhaltung der Datenschutzbestimmungen große Aufmerksamkeit zu widmen. Dies gilt besonders auch bei grenzüberschreitenden Datenübermittlungen.

In Unternehmen haben sich über die Jahre in der Regel enorme Datenmengen angesammelt. Mit Blick auf die Einhaltung der datenschutzrechtlichen Bestimmungen ist es wichtig, die Daten mit datenschutzrechtlicher Relevanz systematisch zu identifizieren und juristisch zu bewerten, um die gesetzlichen Handlungspflichten daraus ableiten zu können.

5.4.2 Datenvermeidung und Datensparsamkeit

Die Erhebung, Verarbeitung und Nutzung personenbezogener Daten und die Auswahl und Gestaltung von Datenverarbeitungssystemen sind an dem Ziel auszurichten, so wenig personenbezogene Daten wie möglich zu erheben, zu verarbeiten oder zu nutzen. Insbesondere sind personenbezogene Daten zu anonymisieren oder zu pseudonymisieren, soweit dies nach dem Verwendungszweck möglich ist und keinen im Verhältnis zu dem angestrebten Schutzzweck unverhältnismäßigen Aufwand erfordert (vgl. § 3a BDSG).

5.4.3 Zulässigkeit der Datenerhebung, -verarbeitung und -nutzung

§ 4 Abs. 1 BDSG enthält den zentralen datenschutzrechtlichen Grundsatz, dass die Erhebung, Verarbeitung und Nutzung personenbezogener Daten nur zulässig ist, soweit

- das BDSG oder eine andere Rechtsvorschrift dies erlaubt oder anordnet oder
- der Betroffene gem. § 4a BDSG eingewilligt hat (sog. Verbot mit Erlaubnisvorbehalt).

Die Einwilligung muss sich auf jede Phase der beabsichtigten Datenverarbeitung beziehen (Datenerhebung, Speicherung, Zweckänderung, Übermittlung etc.).

Bestimmte Arten personenbezogener Daten (z. B. Angaben über die rassische und ethnische Herkunft, politische Meinungen, religiöse oder philosophische Überzeugungen, Gewerkschaftszugehörigkeit, Gesundheit oder Sexualleben) dürfen nur erhoben, verarbeitet und genutzt werden, wenn sich die Einwilligung ausdrücklich auf diese Daten bezieht (vgl. §§ 3 Abs. 9, 4a Abs. 3 BDSG).

5.4.4 Datenschutzrechtliche Einwilligungserklärungen

Datenschutzrechtliche Einwilligungserklärungen, die das Unternehmen von Betroffenen (z. B. von Kunden) einholt, werden von Gerichten häufig für unwirksam erklärt, weil sie „unangemessen" oder „überraschend" ausgestaltet wurden. Zum Teil wird einer solchen Einwilligung auch nur eine kurze Geltungsdauer eingeräumt.

Zur Vermeidung von Datenschutzverstößen ist es also wichtig, die Einwilligungserklärungen rechtlich abzusichern und die laufenden Entwicklungen bei der Gesetzgebung und Rechtsprechung zu beobachten.

Nach § 4a BDSG ist eine Einwilligung nur wirksam, wenn sie auf der freien Entscheidung des Betroffenen beruht. Der Betroffene ist auf den vorgesehenen Zweck der Erhebung, Verarbeitung oder Nutzung sowie, soweit nach den Umständen des Einzelfalles erforderlich oder auf Verlangen, auf die Folgen der Verweigerung der Einwilligung hinzuweisen. Die für die Datenerhebung verantwortliche Stelle muss klar erkennbar sein (vgl. § 4 Abs. 3 Nr. 1 BDSG).

Der Betroffene muss über die Zweckbestimmungen der Erhebung, Verarbeitung oder Nutzung und die Kategorien von Empfängern nur soweit er nach den Umständen des Einzelfalles nicht mit der Übermittlung an diese rechnen muss unterrichtet werden (vgl. § 4 Abs. 3 Nr. 2 und 3 BDSG).

5.4.5 Formerfordernisse für die Einwilligungserklärung

Datenschutzrechtliche Einwilligungserklärungen bedürfen grundsätzlich der Schriftform (vgl. § 4a Abs. 1 Satz 3 BDSG). Die elektronische Form mit qualifizierter elektronischer Signatur ist gleichwertig (vgl. § 126a BGB). Ein Fax oder eine E-Mail genügen diesem gesetzlichen Formerfordernis dagegen nicht.

Bei einem Verstoß gegen das Formerfordernis ist die Datenverarbeitung unzulässig; bereits gespeicherte Daten müssen dann gelöscht werden. Ausnahmen vom Schriftformerfordernis gelten nur in engen Grenzen (vgl. § 4a Abs. 1 BDSG); sie empfehlen sich aber auch in den engen Grenzen ihrer Zulässigkeit nicht, da dann die Nachweismöglichkeit für die Zulässigkeit der Datenerhebung, -verarbeitung oder -nutzung fehlt.

Der Einwilligungstext ist ferner gem. § 4a Abs. 1 BDSG besonders hervorzuheben, wenn die Einwilligung zusammen mit anderen Erklärungen erteilt werden soll, damit die Aufmerksamkeit des Betroffenen besonders darauf gelenkt wird (z. B. durch Fettdruck, gesonderte Erklärung und Unterschrift — unabhängig von anderen Erklärungen). Anderenfalls ist die Einwilligungserklärung unwirksam. Sinnvoll ist in jedem Fall ein gesondertes Einwilligungsformular für die datenschutzrechtliche Einwilligungserklärung und die Einholung einer gesonderten Unterschrift.

5.4.6 Erhebung der personenbezogenen Daten

Personenbezogene Daten sind grundsätzlich nur über den Betroffenen zu erheben (vgl. § 4 Abs. 2 Satz 1 BDSG). Ohne seine Mitwirkung dürfen sie nur ausnahmsweise erhoben werden, wenn eine Rechtsvorschrift dies vorsieht oder zwingend voraussetzt oder

- die zu erfüllende Verwaltungsaufgabe ihrer Art nach oder der Geschäftszweck eine Erhebung bei anderen Personen oder Stellen erforderlich macht oder
- die Erhebung beim Betroffenen einen unverhältnismäßigen Aufwand erfordern würde

und keine Anhaltspunkte dafür bestehen, dass überwiegende schutzwürdige Interessen des Betroffenen beeinträchtigt werden.

5.4.7 Adressdatenhandel

Ein Handel mit Adressdaten für Werbezwecke darf — abgesehen von wenigen Ausnahmefällen („Listenprivileg") — nur noch erfolgen, wenn der Betroffene vorab ausdrücklich eingewilligt hat (sog. Opt-in-Lösung, vgl. § 28 Abs. 3 BDSG). Eine Übergangsfrist für alte Daten ist bereits abgelaufen; diese Daten dürfen daher nur noch in engen Grenzen genutzt werden.

Die Anforderungen an diese Einwilligung sind streng. Zunächst nicht schriftlich erklärte Einwilligungen in die Datennutzung müssen grundsätzlich schriftlich bestätigt werden; elektronische Einwilligungen müssen protokolliert werden, jederzeit abrufbar und widerrufbar sein. Soll die Einwilligung zusammen mit anderen Erklärungen schriftlich erteilt werden, ist sie drucktechnisch in deutlicher Gestaltung besonders hervorzuheben (vgl. § 28 Abs. 3a BDSG).

Der Abschluss eines Vertrags darf nicht von einer Einwilligung des Kunden in die Verarbeitung oder Nutzung seiner Daten für einen Adresshandel oder für Werbung abhängig gemacht werden, wenn dem Betroffenen ein anderer Zugang zu gleichwertigen vertraglichen Leistungen ohne die Einwilligung nicht oder nicht in zumutbarer Weise möglich ist. Eine unter solchen Umständen erteilte Einwilligung ist unwirksam (vgl. § 28 Abs. 3b BDSG).

Nicht zumutbar ist dem Betroffenen, die Ware oder Dienstleistung bei einem anderen Anbieter zu beziehen, bei dem er keine Einwilligung in die Datennutzung für Werbung oder Adresshandel erteilen muss, wenn damit ein höherer Preis, eine erneute Suche oder schlechtere Konditionen verbunden sind. Da diese Voraussetzungen häufig vorliegen und das Unternehmen beweispflichtig ist, dass eine gleichwertige vertragliche Leistung ohne die Einwilligung in zumutbarer Weise möglich ist, sollte von einer solchen Koppelung grundsätzlich abgesehen werden.

5.4.8 Datennutzung für Zwecke der Werbung, Markt- oder Meinungsforschung

Gemäß § 28 Abs. 4 Satz 2 BDSG muss der Betroffene bei Vertragsschluss über sein Widerspruchsrecht hinsichtlich der Nutzung seiner Daten für Werbung, Markt- oder Meinungsforschung unterrichtet werden. Soweit personenbezogene Daten des Betroffenen genutzt werden sollen, die bei einer diesem nicht bekannten Stelle gespeichert sind, ist auch sicherzustellen, dass er Kenntnis über die Herkunft der Daten erhalten kann. Das Widerspruchsrecht ist zwingend und kann vertraglich nicht ausgeschlossen werden.

Widerspricht der Betroffene bei der verantwortlichen Stelle der Verarbeitung oder Nutzung seiner Daten für Zwecke der Werbung oder der Markt- oder Meinungsforschung, ist eine Verarbeitung oder Nutzung für diese Zwecke unzulässig (vgl. § 28 Abs. 4 Satz 1 BDSG). Verstöße hiergegen sind bußgeldbewehrt (vgl. § 43 Abs. 2 Nr. 5b BDSG).

5.4.9 Datenschutzrichtlinie

Die geltenden rechtlichen Datenschutzregelungen und Verhaltensgrundsätze hierzu sollten in einer Richtlinie des Unternehmens bzw. Konzerns festgehalten und erläutert werden. Diese Richtlinie sollte den Revisionsstand erkennen lassen, d. h. den Änderungsstand des Dokuments einschließlich Versionsnummer und Gültigkeitsdatum.

Ist das Unternehmen nicht ausschließlich im Inland tätig, sollte eine solche Richtlinie auch auf die im jeweiligen Land der Geschäftstätigkeit geltenden Regelungen bzw. auf die Bestimmungen für eine grenzüberschreitende Übertragung von personenbezogenen Daten eingehen.

Die aktuelle Version der Datenschutzrichtlinie sollte allen Mitarbeitern kommuniziert werden, ggf. als Teil einer umfassenderen Compliance-Richtlinie oder eines Compliance-Handbuchs. Sie sollte jederzeit für alle Beschäftigten (z. B. im Intranet) verfügbar sein. Neu eintretende Mitarbeiter sollten von der geltenden Datenschutzrichtlinie ebenfalls routinemäßig unterrichtet werden.

Die Richtlinie soll klarstellen, dass Einzelpersonen im Falle des Verstoßes mit Konsequenzen zu rechnen haben, so z. B. mit

- Bußgeldern,
- Strafen,
- Schadensersatzforderungen und/oder
- arbeitsrechtlichen Sanktionen.

Es kann sich empfehlen, von allen Mitarbeitern und Managern gegenzeichnen zu lassen, dass sie die verbindliche Unternehmens-Datenschutzrichtlinie zur Kenntnis genommen haben.

Empfehlen kann sich dies zu Beginn der Geschäftsbeziehung auch bei externen Personen, die mit personenbezogenen Daten des Unternehmens in Berührung kommen. Dies kann z. B. durch Standardklauseln im Auftrag oder Dienstleistungsvertrag erfolgen.

5.4.10 Verpflichtung auf das Datengeheimnis

Das Datengeheimnis besagt, dass es den bei der Datenverarbeitung beschäftigten Personen untersagt ist, personenbezogene Daten unbefugt zu erheben, zu verarbeiten oder zu nutzen. Es besteht auch nach Beendigung ihrer Tätigkeit fort (vgl. § 5 BDSG).

Betroffen davon sind nicht nur Personen im IT-Bereich, sondern auch Personen in den Fachabteilungen, wenn sie personenbezogene Daten erheben, verarbeiten oder nutzen.

Das Datengeheimnis gilt nicht nur für Arbeitnehmer, sondern z. B. auch für freie Mitarbeiter, Leiharbeitnehmer oder Praktikanten. Alle diese Personen sind gem. § 5 Satz 2 BDSG bei der Aufnahme ihrer Tätigkeit ausdrücklich auf das Datengeheimnis (z. B. im Anstellungsvertrag) zu verpflichten, unabhängig von sonst vereinbarten allgemeinen Geheimhaltungspflichten. Zwar ist für diese Verpflichtung keine besondere Form vorgeschrieben, ein Aushang am schwarzen Brett oder eine allgemeine Arbeitsanweisung genügt jedoch nicht. Erforderlich ist eine individuelle, arbeitsplatzbezogene Belehrung. Eine Zustimmungs- oder Gegenzeichnungspflicht besteht nicht; aus Nachweisgründen empfiehlt es sich aber, den Betroffenen unterzeichnen zu lassen, dass

- er über die gesetzlichen Bestimmungen des BSDG unterrichtet wurde,
- ihm die sich daraus ergebenden Verhaltensweisen mitgeteilt wurden und
- er die Verpflichtung auf das Datengeheimnis zur Kenntnis genommen hat.

5.4.11 Nutzung privater IT-Endgeräte für berufliche Zwecke

Einige Unternehmen lassen es zu, dass Mitarbeiter private IT-Endgeräte auch für berufliche Zwecke nutzen („Bring your own Device"). Unternehmen möchten hiermit beispielsweise eine höhere Mitarbeiterzufriedenheit und Effizienz erreichen, indem sie Mitarbeiter ihre gewohnte IT auch im Unternehmen verwenden lassen. Unter Compliance-Gesichtspunkten sind dabei folgende Aspekte sicherzustellen:

- Datensicherheit,
- ausreichende Software-Lizenzierungen,
- Schutz vor Verlust der Kontrolle über die beruflichen Daten,
- Wartung und
- Kostentragung.

Datenschutz und Compliance 5

Unternehmen, die eine solche Nutzung zulassen, sind für die gesetzesgemäße Verarbeitung personenbezogener dienstlicher Daten auf dem Mitarbeiter-Endgerät verantwortlich. Folglich hat das Unternehmen auch für die erforderlichen technischen und organisatorischen Maßnahmen zu sorgen, die dies gewährleisten.

Aufgrund des Umstandes, dass das Gerät im Eigentum des Mitarbeiters steht, ergeben sich jedoch Einschränkungen für die Einwirkungsmöglichkeiten des Arbeitgebers, die zum Teil vertraglich abdingbar sind. Es empfiehlt sich daher, eine Vereinbarung mit der Arbeitnehmervertretung oder ggf. mit jedem betroffenen Mitarbeiter über den Einsatz der privaten Endgeräte für berufliche Zwecke zu schließen, die beiden Seiten die nötige Klarheit und Sicherheit verschafft.

In einer solchen Vereinbarung sollten insbesondere folgende Punkte geregelt werden:

- geltende Sicherheitsrichtlinien oder -hinweise (Verschlüsselung oder andere Sicherheitsverfahren)
- Festlegungen zum Schutz und zur Sicherheit der auf den Privatgeräten gespeicherten Unternehmensdaten: Um nicht in Konflikt mit den strengen Datenschutzvorschriften des BDSG oder dem Fernmeldegeheimnis zu geraten, sollte der Einsatz von speziellen „Containern" vereinbart werden, in denen die geschäftlichen Daten getrennt von den privaten gespeichert werden. Derartige technische Lösungen werden bereits auf dem Markt angeboten
- Informationspflichten gegenüber dem Unternehmen beim Abhandenkommen des Geräts, damit das Unternehmen Maßnahmen zum Schutz der Daten ergreifen und ihm ggf. selbst obliegende gesetzliche Informationspflichten wegen Datenverlustes erfüllen oder — durch Datenlöschung — gezielt vermeiden kann
- Regeln zur Datensicherung
- Regeln für den Fall des Verlusts des Gerätes
- Recht des Unternehmens, mit unternehmensbezogenen Daten auf dem privaten Endgerät grundsätzlich in derselben Weise verfahren zu dürfen, wie mit solchen in den eigenen Systemen (uneingeschränkter Zugriff und Löschen im Bedarfsfall)
- Vereinbarung von bestimmten Systemeinstellungen, um zu vermeiden, dass fremde Programme die geschäftlichen Daten unerkannt auslesen und an Dritte übermitteln können
- Befugnis des Unternehmens, sicherheitsrelevante Systemeinstellungen an dem privaten Endgerät des Mitarbeiters selbst vorzunehmen zu dürfen
- Untersagung der Verwendung von sog. Jailbreaks (Modifikationen des Betriebssystems), weil diese besondere Sicherheitsrisiken mit sich bringen

- technische und organisatorische Schutzmaßnahmen (und Verpflichtungen des Mitarbeiters z. B. zu bestimmten Gerätekonfigurationen)
- Regelungen zur Haftungsverteilung, insbesondere bei missbräuchlicher Nutzung des Endgeräts durch den Mitarbeiter
- Regelungen zu etwaigen Kostenerstattungen für die Anschaffung und Nutzung (z. B. Roaming-Gebühren bei dienstlicher Verwendung im Ausland)
- Festlegungen über die Durchführung von Reparatur- und Wartungsleistungen und die diesbezüglichen Mitwirkungspflichten des Mitarbeiters (z. B. durch Aushändigung des Geräts)
- Regelungen zur Beendigung der Nutzung (z. B. Befristungsregelung oder Widerrufs- bzw. Kündigungsrecht)

5.4.12 Übermittlung von Daten in außereuropäische Länder

Grenzüberschreitende Übermittlungen von personenbezogenen Daten innerhalb der Mitgliedstaaten der Europäischen Union (EU) oder des Europäischen Wirtschaftsraums (EWR) werden nach dem BDSG grundsätzlich wie nationale Datenübermittlungen behandelt.

Erfolgt die Übermittlung in Länder außerhalb der EU bzw. des EWR oder werden diese Daten dort gespeichert, verarbeitet oder genutzt, gilt § 4b Abs. 2 BDSG: Die Datenübermittlung muss grundsätzlich unterbleiben, soweit der Betroffene ein schutzwürdiges Interesse an dem Ausschluss der Übermittlung hat, insbesondere wenn dort ein angemessenes Datenschutzniveau nicht gewährleistet ist. Mit bestimmten Staaten bestehende besondere Abkommen sind zu beachten.

Die übermittelnde Stelle trägt die Verantwortung für die Zulässigkeit der Übermittlung (vgl. § 4b Abs. 5 BDSG). Sie muss die empfangende Stelle auf den Zweck hinweisen, zu dessen Erfüllung die Daten übermittelt werden (vgl. § 4b Abs. 6 BDSG). Der Betroffene ist von der übermittelnden Stelle von der Übermittlung seiner Daten zu unterrichten, wenn der Datenempfänger ein berechtigtes Interesse an der Kenntnis der zu übermittelnden Daten glaubhaft darlegt und der Betroffene kein schutzwürdiges Interesse an dem Ausschluss der Übermittlung hat (vgl. §§ 4b Abs. 4, 16 Abs. 1 Nr. 2 BDSG). Dies gilt nicht, wenn damit zu rechnen ist, dass er davon auf andere Weise Kenntnis erlangt, oder wenn die Unterrichtung die öffentliche Sicherheit gefährden oder sonst dem Wohl des Bundes oder eines Landes Nachteile bereiten würde. § 4c BDSG enthält weitere Ausnahmen, bei denen eine Datenübermittlung in ein Drittland zulässig ist, in dem kein angemessenes Datenschutzniveau herrscht (z. B. aufgrund Einwilligung des Betroffenen, der Erforderlichkeit für den Abschluss oder die Erfüllung eines Vertrags etc.).

Wegen der zahlreichen unbestimmten Rechtsbegriffe und der komplizierten Regelungen empfiehlt sich in jedem Fall eine eingehende rechtliche Prüfung und Beratung, wenn eine Übermittlung personenbezogener Daten in Länder außerhalb der EU oder des EWR vorgenommen werden soll.

Die EU-Kommission stellt Standard-Vertragsklauseln für den Einsatz eines Auftragsdatenverarbeiters in einem sog. Drittland (außerhalb EU und EWR) zur Verfügung (abrufbar unter: www.eur-lex.europa.eu). Diese Vertragsvorgaben ergänzen und präzisieren die Vertragsbedingungen über die eigentliche Leistungserbringung hinsichtlich der datenschutzrechtlich geforderten Mindeststandards. Die Rechte und Pflichten der Parteien werden dort geregelt und sind unverändert zu übernehmen. Verschiedene Anbieter aus Drittländern bieten darüber hinausgehend weitergehende Schutzstandards an.

Bei Verstößen gegen die oben dargestellten Grundsätze drohen Maßnahmen der Aufsichtsbehörde und Bußgelder gemäß §§ 43, 44 BDSG; daneben können Unterlassungs-, Rückführungs- und Schadensersatzansprüche eingreifen.

5.4.13 Führung der Buchhaltungs- und Steuerunterlagen

Sind Buchhaltungs- oder steuerrelevante Daten betroffen, gilt § 146 Abs. 2 AO: Sofern die „Bücher" nicht im Inland geführt und aufbewahrt werden, bedarf es einer Ausnahmebewilligung der zuständigen Finanzbehörde auf schriftlichen Antrag des Steuerpflichtigen hin, die die Voraussetzungen des § 146 Abs. 2a AO erfüllt (Ermöglichung des Datenzugriffs durch die Finanzverwaltung nach § 147 Abs. 6 AO etc.).

Verstöße wie beispielsweise die Verlagerung der elektronischen Buchführung ins Ausland ohne Bewilligung der Finanzbehörde oder nicht zulängliche Ermöglichung des Datenzugriffs können zu einem Verzögerungsgeld bis zu 250.000 EUR führen (§ 146 Abs. 2b AO).

5.4.14 Datenschutzbeauftragter

Aufgabe eines Datenschutzbeauftragten ist es, auf die Einhaltung der datenschutzrechtlichen Pflichten in einem Unternehmen hinzuwirken und diese zu kontrollieren. Seine Bestellung gem. § 4f BDSG ist gesetzlich vorgeschrieben, wenn

- personenbezogene Daten automatisiert verarbeitet werden und mit der automatisierten Verarbeitung personenbezogener Daten mehr als neun Personen ständig beschäftigt sind oder
- personenbezogene Daten auf andere Weise erhoben, verarbeitet oder genutzt werden und damit in der Regel mindestens 20 Personen beschäftigt sind.

Unabhängig davon ist in bestimmten Fällen ein Datenschutzbeauftragter zu bestellen, z. B. wenn

- eine automatisierte Verarbeitung personenbezogener Daten erfolgt, die einer Vorabkontrolle unterliegt, oder
- personenbezogene Daten geschäftsmäßig zum Zweck der Übermittlung, der anonymisierten Übermittlung oder für Zwecke der Markt- oder Meinungsforschung automatisiert verarbeitet werden (vgl. § 4f Abs. 1 BDSG).

Auch Auftragnehmer einer Auftragsdatenverarbeitung haben unter den Voraussetzungen des § 4f BDSG einen Datenschutzbeauftragten zu bestellen, soweit sie personenbezogene Daten im Auftrag als Dienstleistungsunternehmen geschäftsmäßig erheben, verarbeiten oder nutzen (vgl. § 11 Abs. 4 BDSG).

Aufgrund der Kontrollfunktion scheiden Personen für die Bestellung des Datenschutzbeauftragten aus, deren Bereiche gerade der datenschutzrechtlichen Kontrolle unterliegen sollen.

> **BEISPIEL**
>
> Ein Leiter IT bzw. ein Chief Information Officer (CIO) kann daher nicht zum Datenschutzbeauftragten bestellt werden. Vorstands- oder Geschäftsführungsmitglieder oder der Unternehmensinhaber können ebenfalls keine Datenschutzbeauftragten werden.

Datenschutz und Compliance

Der Datenschutzbeauftragte muss kein interner Mitarbeiter sein. Es ist möglich, hierfür auch eine externe Person einzusetzen (vgl. § 4f Abs. 2 BDSG). Vorteile eines externen Datenschutzbeauftragten können sein:

- unabhängiger Blick von außen,
- Vermeidung innerbetrieblicher Interessenskonflikte,
- ggf. geringere Kosten durch „Teilzeitfunktion",
- transparente Kostenplanung durch Beratervertrag,
- Unvoreingenommenheit,
- Synergieeffekte durch Praxiserfahrung aus anderen Unternehmen,
- Konzentration der eigenen Mitarbeiter auf die Kernkompetenzen.

Der externe Datenschutzbeauftragte ist ebenso wie der interne zur Verschwiegenheit verpflichtet (vgl. § 4 f Abs. 4 BDSG). Mit dem externen Datenschutzbeauftragten wird ein Geschäftsbesorgungsvertrag geschlossen, der sich auf die §§ 4d, 4f und 4g BDSG beziehen soll.

> **ARBEITSHILFE ONLINE**
>
> **ÜBERSICHT: Vertragliche Regelungsgegenstände bei Einschaltung eines externen Datenschutzbeauftragten**
>
> Unter http://arbeitshilfen.haufe.de/ können Sie eine Übersicht zu vertraglichen Regelungsgegenständen bei Einschaltung eines externen Datenschutzbeauftragten abrufen.

Bestellt ein Arbeitgeber einen Mitarbeiter zum Datenschutzbeauftragten, ändert sich dadurch dessen Arbeitsvertrag.

Die Konsequenz hiervon: Der Arbeitgeber kann die Beauftragung als Datenschutzbeauftragter später nicht einfach widerrufen, sondern muss dann eine Teilkündigung des Arbeitsverhältnisses aussprechen.

Besteht keine gesetzliche Pflicht zur Bestellung eines Datenschutzbeauftragten, so muss die Unternehmensleitung die Erfüllung der datenschutzrechtlichen Pflichten in anderer Weise sicherstellen (vgl. § 4g Abs. 2a BDSG). Werden im Unternehmen personenbezogene Daten erhoben, verarbeitet oder genutzt, kann die freiwillige Bestellung eines Datenschutzbeauftragten möglich und sinnvoll sein. Seine Befugnisse richten sich dann ausschließlich nach den getroffenen Abreden. Es kann z. B. (vertraglich) vorgesehen werden, dass er hinsichtlich seiner Befugnisse oder Stellung dem gesetzlichen Datenschutzbeauftragten gleichgestellt wird.

Die Bestellung des gesetzlich vorgeschriebenen (internen oder externen) Datenschutzbeauftragten muss schriftlich erfolgen (vgl. § 4f Abs. 1 Satz 1 BDSG), anderenfalls ist die Bestellung nichtig. Der Datenschutzbeauftragte soll auf der Bestellungsurkunde mit unterschreiben.

Zum Datenschutzbeauftragten darf nur bestellt werden, wer die zur Erfüllung seiner Aufgaben erforderliche Fachkunde und Zuverlässigkeit besitzt (vgl. § 4f Abs. 2 S. 1 BSDG). Die Anforderungen an die persönliche Eignung sind umso höher, je größer der Umfang der Datenverarbeitung und der Schutzbedarf der erhobenen oder verwendeten personenbezogenen Daten sind. Zur nötigen Fachkunde eines Datenschutzbeauftragten zählt Wissen zu folgenden Bereichen:

- Rechtslage,
- IT-Infrastruktur/ IT-Sicherheit,
- Software-Architektur,
- betriebliche Prozesse und Unternehmensorganisation.

Kriterien, anhand derer die Fachkunde des Datenschutzbeauftragten beurteilt werden soll, sind u. a.:

- berufliche Qualifikationen (Ausbildung, Studium, vorherige Funktionen oder Berufserfahrungen),
- besondere Datenschutzausbildung,
- erfolgte Weiterbildungsmaßnahmen (Mitgliedschaft in einer Datenschutzorganisation, Teilnahme an Fortbildungskursen, Fachtagungen),
- Kenntnis der betriebsinternen Organisation und Verfahrensabläufe,
- Branchenkenntnis.

§ 4f Abs. 3 Satz 1 BSDG verlangt, dass der Datenschutzbeauftragte unmittelbar „dem Leiter" des Unternehmens unterstellt ist. Auch eine Zuordnung zu einem bestimmten Vorstands- oder Geschäftsführungsmitglied ist möglich. Allerdings darf diesem Vorstands- oder Geschäftsführungsmitglied nicht zugleich ein Ressort unterstehen, in das ebenfalls die zu überwachenden Bereiche (Verarbeitung personenbezogener Daten) fallen.

Nach § 4f Abs. 3 Satz 2 BSDG ist der Datenschutzbeauftragte in Ausübung seiner Fachkunde auf dem Gebiet des Datenschutzes weisungsfrei. Er kann eigeninitiativ agieren.

§ 4f Abs. 3 Satz 3 BSDG schreibt vor, dass eine Benachteiligung des Datenschutzbeauftragten wegen der Erfüllung seiner Aufgaben ausgeschlossen sein muss. Dieses Benachteiligungsverbot richtet sich nicht nur an die Unternehmensleitung, sondern an alle Mitarbeiter. Erfolgen Benachteiligungen des Datenschutzbeauftragten wegen der Erfüllung seiner Aufgaben durch Mitarbeiter, so ist die Geschäftsführung aufgrund ihrer Überwachungs- und Aufsichtspflichten gehalten, dagegen einzuschreiten.

Gemäß § 4f Abs. 3 BSDG muss dem Datenschutzbeauftragten auf Kosten des Unternehmens die Teilnahme an Fort- und Weiterbildungsveranstaltungen zur Erhaltung der erforderlichen Fachkunde ermöglicht werden.

Die Pflicht zur Unterstützung des Datenschutzbeauftragten und zur Bereitstellung der erforderlichen Ressourcen zur Erfüllung seiner Aufgaben (z. B. Personal, Räume, Einrichtungen, Arbeitsmittel) ist in § 4f Abs. 5 Satz 1 BDSG geregelt. Der Datenschutzbeauftragte muss von etwaigen sonstigen Aufgaben soweit entlastet werden, dass er seine Aufgaben erfüllen kann. Ihm müssen Informationen u. a. über

- die mit der Leitung der Datenverarbeitung beauftragten Personen,
- Zweckbestimmungen der Datenerhebung, -verarbeitung oder -nutzung,
- die betroffenen Personengruppen und die diesbezüglichen Daten oder Datenkategorien,
- die Empfänger oder Kategorien von Empfängern, denen die Daten mitgeteilt werden können,
- Regelfristen für die Löschung der Daten,
- eine geplante Datenübermittlung in Drittstaaten, die es ermöglichen, vorläufig zu beurteilen, ob die getroffenen Maßnahmen zur Gewährleistung der Sicherheit der Verarbeitung angemessen sind und
- zugriffsberechtigte Personen

zur Verfügung gestellt werden (§§ 4g Abs. 2, 4e Satz 1 BDSG, sog. Verfahrensverzeichnis).

Dass sich Betroffene jederzeit an den Beauftragten für den Datenschutz wenden können müssen, ist gem. § 4f Abs. 5 Satz 2 BSDG vorgeschrieben (sog. Anrufungsrecht).

5.4.15 Datenschutz-Schulungen

§ 4g Abs. 1 Nr. 2 BSDG schreibt vor, dass der Datenschutzbeauftragte die bei der Verarbeitung personenbezogener Daten tätigen Personen durch geeignete Maßnahmen mit den BDSG-Regelungen sowie anderen Vorschriften über den Datenschutz und mit den jeweiligen besonderen Erfordernissen des Datenschutzes vertraut zu machen hat.

Datenschutz-Schulungen sind wichtig zur Sensibilisierung der Mitarbeiter für Datenschutzthemen und für die Aufklärung über geltende Datenschutzregelungen. Solche Schulungen können sowohl als Präsenztrainings als auch über E-Learning Tools (Web-based Trainings) durchgeführt werden.

Datenschutz-Schulungen sollen in einem regelmäßigen Turnus stattfinden, um auch neu eingetretene Mitarbeiter und Manager einzubeziehen bzw. die Kenntnisse bei den übrigen Personen aufzufrischen und zu aktualisieren.

Es empfiehlt sich zu dokumentieren, welche Personen an den Datenschutz-Schulungen teilgenommen haben. So kann zum einen sichergestellt werden, dass alle Betroffenen Schulungen erhalten. Ferner kann im Fall von Datenschutzverstößen die Haftung des Unternehmens oder von Einzelpersonen, ein Bußgeld bzw. eine Strafe wegen Verletzung der Organisations- oder Aufsichtspflicht vermieden bzw. gemildert werden.

5.4.16 Meldepflicht bei Verfahren automatisierter Verarbeitung von personenbezogenen Daten

Verfahren automatisierter Verarbeitungen von personenbezogenen Daten, d. h. die Erhebung, Verarbeitung oder Nutzung personenbezogener Daten unter Einsatz von Datenverarbeitungsanlagen (vgl. § 3 Abs. 2 BDSG), sind vor ihrer Inbetriebnahme der zuständigen Aufsichtsbehörde zu melden, sofern nicht eine gesetzliche Ausnahme eingreift (eine nicht-automatisierte Verarbeitung liegt beispielsweise vor, wenn eine Aufzeichnung nur auf Papier erfolgt).

Den Inhalt der Meldepflicht regelt § 4e BDSG. Die Meldepflicht entfällt, wenn die verantwortliche Stelle einen Datenschutzbeauftragten bestellt hat. In jedem Fall, also auch dann, wenn ein solcher bestellt ist, besteht eine Meldepflicht, wenn es sich um automatisierte Verarbeitungen handelt, in denen geschäftsmäßig personenbezogene Daten zum Zweck

- der Übermittlung,
- der anonymisierten Übermittlung oder
- der Markt- oder Meinungsforschung

gespeichert werden (z. B. bei Adresshandel, für Kreditschutzorganisationen).

5.4.17 Vorabkontrolle bei besonderen Risiken

Die automatisierte Verarbeitung von personenbezogenen Daten kann besondere Risiken für die Rechte und Freiheiten der Betroffenen mit sich bringen, weil

- besondere Arten personenbezogener Daten verarbeitet werden, z. B. Angaben über die rassische und ethnische Herkunft, politische Meinungen, religiöse oder philosophische Überzeugungen, Gewerkschaftszugehörigkeit, Gesundheit oder Sexualleben, oder
- die Verarbeitung personenbezogener Daten dazu bestimmt ist, die Persönlichkeit des Betroffenen zu bewerten einschließlich seiner Fähigkeiten, seiner Leistung oder seines Verhaltens.

In solchen Fällen unterliegt die Datenverarbeitung einer Vorabkontrolle durch den Datenschutzbeauftragten. Dies gilt nicht, wenn eine gesetzliche Verpflichtung oder eine Einwilligung des Betroffenen vorliegt oder die Erhebung, Verarbeitung oder Nutzung für die Begründung, Durchführung oder Beendigung eines rechtsgeschäftlichen oder rechtsgeschäftsähnlichen Schuldverhältnisses mit dem Betroffenen erforderlich ist (vgl. § 4d Abs. 5, Abs. 6 BSDG).

5.4.18 Maßnahmen zum Schutz der personenbezogenen Daten

Zu den datenschutzrechtlichen Vorgaben zählt auch die Beachtung technischer und organisatorischer Maßnahmen zum Schutz der personenbezogenen Daten. Die sog. „Acht goldenen Regeln des Datenschutzes" (vgl. die Anlage zu § 9 BSDG) umfassen:

1. Zutrittskontrolle: Unbefugten muss der Zutritt zu Datenverarbeitungsanlagen, mit denen personenbezogene Daten verarbeitet oder genutzt werden, verwehrt werden (z. B. durch die Implementierung eines Systems von Zutrittsberechtigungen).
2. Zugangskontrolle: Es muss mittels eines Systems von Zugangsberechtigungen oder durch Verschlüsselung verhindert werden, dass Datenverarbeitungssysteme von Unbefugten genutzt werden können.
3. Zugriffskontrolle: Es muss gewährleistet sein, dass die zur Benutzung eines Datenverarbeitungssystems Berechtigten ausschließlich auf die ihrer Zugriffsberechtigung unterliegenden Daten zugreifen können, und dass personenbezogene Daten bei der Verarbeitung, Nutzung und nach der Speicherung (z. B. aufgrund erfolgter Verschlüsselung) nicht unbefugt gelesen, kopiert, verändert oder entfernt werden können.

4. Weitergabekontrolle: Es muss (z. B. durch Verschlüsselung) gewährleistet sein, dass personenbezogene Daten bei der elektronischen Übertragung oder während ihres Transports oder ihrer Speicherung auf Datenträger nicht unbefugt gelesen, kopiert, verändert oder entfernt werden können; auch muss überprüft und festgestellt werden können, an welche Stellen eine Übermittlung personenbezogener Daten durch Einrichtungen zur Datenübertragung vorgesehen ist.
5. Eingabekontrolle: Es muss gewährleistet sein, dass nachträglich überprüft und festgestellt werden kann, ob und von wem personenbezogene Daten in Datenverarbeitungssysteme eingegeben, verändert oder entfernt worden sind.
6. Auftragskontrolle: Es muss sichergestellt sein, dass personenbezogene Daten, die im Auftrag verarbeitet werden, nur entsprechend den Weisungen des Auftraggebers verarbeitet werden können.
7. Verfügbarkeitskontrolle: Personenbezogene Daten müssen gegen zufällige Zerstörung oder Verlust geschützt sein.
8. Sogenanntes Trennungsgebot: Zu unterschiedlichen Zwecken erhobene Daten müssen getrennt verarbeitet werden können.

In IT-Sicherheitsmanagementstandards (z. B. ISO 27001, abrufbar unter: www.iso.org) finden sich weitere Vorgaben für technische und organisatorische Maßnahmen bezüglich der Datensicherheit.

5.4.19 Zugriff auf personenbezogene Daten

Nach dem sog. Need-to-Know-Prinzip sollten nur solche Personen auf die im Unternehmen vorhandenen personenbezogenen Daten zugreifen können, die dies für die Bearbeitung ihrer Aufgaben benötigen. IT-Lösungen, die automatische Kontrollen von Benutzerzugriffen und -berechtigungen beinhalten, können einen präventiven IT-Zugangsschutz gewährleisten. In den IT-Systemen sollten zudem Vorkehrungen enthalten sein, um Datenmanipulationen jederzeit nachvollziehbar machen zu können.

5.4.20 Schutz der IT-Systeme gegen Hacker-Angriffe

Teil des Datenschutzes ist die Gewährleistung der Datensicherheit. Dazu zählt eine Strategie zum Umgang mit sog. „Distributed Denial of Service"-Attacken, bei denen tausende Rechner unsinnige Anfragen an eine Internetseite schicken und sie auf diese Weise überlasten. Hilfreich können Scheinattacken sein, die probeweise gestartet werden, um Sicherheitslücken aufzudecken.

5.4.21 Massendatenabfragen

Die Einführung eines IT-Sicherheitssystems, das Massendatenabfragen erkennt, meldet und nach Möglichkeit verhindert, ist geboten, um zu verhindern, dass Daten kopiert und an Dritte verkauft werden. Das System sollte alle auffälligen Datenabfragen und -kopien, die nicht zu den üblichen Geschäftsprozessen gehören, erkennen können und automatisiert melden.

5.4.22 Benachrichtigung der Betroffenen

Die Betroffenen müssen gem. § 33 Abs. 1 BDSG benachrichtigt werden über

- die Speicherung, die Art der Daten, die Zweckbestimmung der Datenerhebung, die Verarbeitung oder Nutzung und die Identität des Unternehmens, wenn erstmals personenbezogene Daten für eigene Zwecke des Unternehmens ohne Kenntnis des Betroffenen gespeichert werden, und
- über die erstmalige Übermittlung und die Art der übermittelten Daten, wenn personenbezogene Daten geschäftsmäßig zum Zweck der Übermittlung ohne Kenntnis des Betroffenen gespeichert werden.

Diese Benachrichtigungen sind vorgeschrieben, um dem Betroffenen die Ausübung seiner individuellen Datenschutzrechte (z. B. das Auskunftsrecht gem. §§ 19, 34 oder das Korrekturrecht gem. § 35 BDSG) zu erleichtern. Zweck ist es, Datentransparenz zu erzeugen.

Ausnahmen von der Benachrichtigungspflicht sind in § 33 Abs. 2 BDSG geregelt: normiert ist dort z. B. die gesetzliche Aufbewahrungspflicht für die Daten, Speicherung oder Übermittlung für die wissenschaftliche Forschung; es ist dabei schriftlich festzulegen, unter welchen Voraussetzungen von einer Benachrichtigung abgesehen wird.

5.4.23 Diensteanbieter i. S. des Telemediengesetzes

Compliance-Anforderungen können sich zusätzlich auch aus spezialgesetzlichen Regelungen wie dem Telemediengesetz ergeben.

Diensteanbieter i. S. des § 2 Satz 1 Nr. 1 Telemediengesetz, TMG, ist jede natürliche oder juristische Person, die eigene oder fremde Telemedien zur Nutzung bereithält oder den Zugang zur Nutzung vermittelt. Solche Diensteanbieter sind gem. § 13

Compliance-Themenfelder

TMG verpflichtet, Nutzer zu Beginn des Nutzungsvorgangs über Art, Umfang und Zwecke der Erhebung und Verwendung personenbezogener Daten zu unterrichten (Datenschutzerklärung). Die Unterrichtung muss in allgemein verständlicher Form erfolgen und darf nicht zu unbestimmt sein. Begriffe und Formulierungen wie „möglicherweise", „unter Umständen werden personenbezogene Daten verschiedener Dienste verknüpft" sind nicht ausreichend.

Bei einem automatisierten Verfahren, das eine spätere Identifizierung des Nutzers ermöglicht und eine Erhebung oder Verwendung personenbezogener Daten vorbereitet, ist der Nutzer zu Beginn dieses Verfahrens zu unterrichten. Der Inhalt der Unterrichtung muss für den Nutzer jederzeit abrufbar sein.

Im Falle der elektronischen Einholung der Einwilligung muss der Diensteanbieter gem. § 13 Abs. 2 TMG sicherstellen, dass

- der Nutzer seine Einwilligung bewusst und eindeutig erteilt hat,
- die Einwilligung protokolliert wird,
- der Nutzer den Inhalt der Einwilligung jederzeit abrufen kann und
- der Nutzer die Einwilligung jederzeit mit Wirkung für die Zukunft widerrufen kann (hierauf muss der Diensteanbieter vor Erklärung der Einwilligung hinweisen, vgl. § 13 Abs. 3 TMG).

Der Diensteanbieter hat gem. § 13 Abs. 4 TMG durch technische und organisatorische Vorkehrungen sicherzustellen, dass

- der Nutzer die Nutzung des Dienstes jederzeit beenden kann,
- die anfallenden personenbezogenen Daten über den Ablauf des Zugriffs oder der sonstigen Nutzung unmittelbar nach deren Beendigung gelöscht werden (bzw. gesperrt werden, sofern gesetzliche, satzungsmäßige oder vertragliche Aufbewahrungsfristen entgegenstehen),
- der Nutzer Telemedien gegen Kenntnisnahme Dritter geschützt in Anspruch nehmen kann,
- Daten nach § 15 Abs. 2 nur für Abrechnungszwecke zusammengeführt werden können und
- Nutzungsprofile nach § 15 Abs. 3 nicht mit Angaben zur Identifikation des Trägers des Pseudonyms zusammengeführt werden können.

Die Weitervermittlung zu einem anderen Diensteanbieter ist dem Nutzer anzuzeigen (§ 13 Abs. 5 TMG). Der Diensteanbieter hat die Nutzung von Telemedien und ihre Bezahlung anonym oder unter Pseudonym zu ermöglichen, soweit dies technisch möglich und zumutbar ist. Der Nutzer ist über diese Möglichkeit zu informieren (vgl. § 13 Abs. 6 TMG).

Der Diensteanbieter hat dem Nutzer nach Maßgabe von § 34 BDSG auf Verlangen Auskunft über die zu seiner Person oder zu seinem Pseudonym gespeicherten Daten zu erteilen. Die Auskunft kann auf Verlangen des Nutzers auch elektronisch erteilt werden (vgl. § 13 Abs. 7 TMG).

5.4.24 Auskunft über personenbezogene Daten

Bei Daten, die in einem automatisierten Verfahren gespeichert sind oder offensichtlich aus einer automatisierten Verarbeitung entnommen worden sind (§ 27 BDSG), muss auf Verlangen Auskunft über die zur Person gespeicherten personenbezogenen Daten, deren Herkunft, deren Empfänger und über den Zweck der Datenspeicherung erteilt werden können (vgl. § 34 Abs. 1 BDSG).

Sind zu der Auskunft verlangenden Person keinerlei personenbezogene Daten gespeichert, ist eine „Negativauskunft" zu erteilen.

5.4.25 Recht auf Berichtigung, Löschung und Sperrung von personenbezogenen Daten

§ 35 BDSG regelt die Einzelheiten, wann personenbezogene Daten zu berichtigen, löschen oder sperren sind. Sie sind immer zu berichtigen, wenn sie unrichtig sind (vgl. 35 Abs. 1 BDSG). Sie sind insbesondere zu löschen, wenn

- ihre Speicherung unzulässig ist,
- es sich um Daten über die rassische oder ethnische Herkunft, politische Meinungen, religiöse oder philosophische Überzeugungen oder die Gewerkschaftszugehörigkeit, über die Gesundheit oder das Sexualleben, strafbare Handlungen oder Ordnungswidrigkeiten handelt und ihre Richtigkeit von der verantwortlichen Stelle nicht bewiesen werden kann,
- sie für eigene Zwecke verarbeitet werden, sobald ihre Kenntnis für die Erfüllung des Zwecks der Speicherung nicht mehr erforderlich ist, oder
- sie geschäftsmäßig zum Zweck der Übermittlung verarbeitet werden und eine Prüfung jeweils am Ende des vierten Kalenderjahres beginnend mit ihrer erstmaligen Speicherung ergibt, dass eine längerwährende Speicherung nicht erforderlich ist (vgl. 35 Abs. 2 BDSG).

Wenn es hinsichtlich dieser Daten gesetzliche, satzungsmäßige oder vertragliche Aufbewahrungsfristen gibt, sind die betroffenen Daten nicht zu löschen, sondern

Compliance-Themenfelder

zu **sperren**. Dasselbe gilt, wenn Grund zu der Annahme besteht, dass durch eine Löschung schutzwürdige Interessen des Betroffenen beeinträchtigt würden, oder eine Löschung wegen der besonderen Art der Speicherung nicht oder nur mit unverhältnismäßig hohem Aufwand möglich ist (vgl. § 35 Abs. 3 BDSG).

Personenbezogene Daten sind zu sperren, soweit ihre Richtigkeit vom Betroffenen bestritten wird und sich weder die Richtigkeit noch die Unrichtigkeit feststellen lässt (vgl. § 35 Abs. 4 BDSG).

5.4.26 Daten für Zwecke des Beschäftigungsverhältnisses

Das BDSG enthält — auch als Reaktion auf Vorfälle in der Praxis — besondere Regelungen über den Schutz der personenbezogenen Daten von Beschäftigten (§ 32 BDSG). Hier gelten strenge Voraussetzungen für den Umgang mit solchen Daten: Sie dürfen für Zwecke des Beschäftigungsverhältnisses nur erhoben, verarbeitet oder genutzt werden, wenn dies für die Entscheidung über die Begründung eines Beschäftigungsverhältnisses oder nach Begründung eines solchen für dessen Durchführung oder Beendigung erforderlich ist (z. B. für die Personalverwaltung, die Gehaltsabrechnung, Leistungskontrollen, Abmahnungen und Kündigungen).

Auch für die sog. Background Checks, mit denen in einem Bewerbungsverfahren die Richtigkeit der vom Bewerber gemachten Angaben — in der Regel im Internet — recherchiert wird, gilt der Grundsatz, dass Arbeitgeber nur solche Daten erheben, verarbeiten und nutzen dürfen, die für die Entscheidung über die Begründung eines Beschäftigungsverhältnisses oder für dessen Durchführung erforderlich sind (§ 32 Abs. 1 BDSG).

Wer Beschäftigter i. S. des BSDG ist, ist in § 3 Abs.11 BDSG definiert. Neben Arbeitnehmern fallen darunter auch Auszubildende und Bewerber. Pauschale Kontrollen von Mitarbeiterdaten sind auch unter dem Aspekt der Datensparsamkeit unzulässig (vgl. § 3a BDSG).

5.4.27 Unternehmensinterne Ermittlungen

Späht ein Unternehmen Daten unter Verstoß gegen das geltende Datenschutz- und Persönlichkeitsrecht aus (z. B. zu Aufsichtsratsmitgliedern, Gewerkschaftern, Journalisten o. Ä.), so sind negative Schlagzeilen vorprogrammiert.

Datenschutz und Compliance

Solche Ermittlungen können zwar einerseits gem. § 130 OWiG, § 91 Abs. 2 AktG geboten sein, um Compliance-Verstöße aufzudecken (z. B. in Fällen von Korruption, Geldwäsche, Betrug, Geheimnisverrat durch ein Aufsichtsratsmitglied, Weitergabe von Betriebsgeheimnissen an einen Konkurrenten o. Ä.). Werden solche Straftaten unternehmensintern nicht aufgeklärt, drohen dem Unternehmen erhebliche Bußgelder.

Andererseits gilt aber das allgemeine Persönlichkeitsrecht, das ein routinemäßiges Ausspähen verbietet. Das BSDG gibt Unternehmen keine klaren Richtlinien an die Hand, was in diesem Zusammenhang erlaubt und was untersagt ist. Um die Einhaltung aller rechtlichen Anforderungen — insbesondere des Datenschutzrechts und der Persönlichkeitsrechte der Betroffenen — sicherzustellen, empfiehlt es sich daher, für Ermittlungen in solchen Fällen klare Regelungen einzuführen.

Diese Regelungen sollten etwa vorsehen, dass

- mehrere Personen eine solche Ermittlung genehmigen müssen,
- bei Ermittlungen gegen ein Aufsichtsratsmitglied beispielsweise der Präsidialausschuss des Aufsichtsrats vorab eingeschaltet werden muss,
- bei Ermittlungen gegen Gewerkschafter der Gesamtbetriebsrat hinzugezogen werden muss, oder
- bei Ermittlungen gegen Journalisten vorab der Datenschutzbeauftragte und ggf. weitere Personen (z. B. der Leiter Presse und Öffentlichkeitsarbeit) einbezogen werden müssen, und
- der Datenschutzbeauftragte immer zustimmen muss, wenn externe Ermittler zur Beschaffung von Informationen einschaltet werden.

> **! ACHTUNG**
> Werden technische Einrichtungen eingesetzt, die dazu bestimmt sind, das Verhalten oder die Leistung der Arbeitnehmer zu überwachen, wie z. B. GPS-Systeme oder Videokameras, sind die Mitbestimmungsrechte der zuständigen Arbeitnehmervertretung zu beachten (vgl. § 87 Abs.1 Nr. 6 BetrVG).

Personenbezogene Daten eines Beschäftigten dürfen gem. § 32 Abs. 1 Satz 2 BSDG nur dann zur Aufdeckung von Straftaten erhoben, verarbeitet oder genutzt werden, wenn tatsächliche Anhaltspunkte den Verdacht begründen, dass der Betroffene im Beschäftigungsverhältnis eine Straftat begangen hat.

Abstrakte Verdachtsmomente allein reichen hierfür nicht aus. Die Straftat muss in einem engen Zusammenhang mit dem Arbeitsverhältnis stehen. Die Verdachtsmomente, dass der Betroffene im Beschäftigungsverhältnis eine Straftat begangen hat, müssen dokumentiert werden. Ferner muss die Erhebung, Verarbeitung oder Nutzung zur Aufdeckung erforderlich sein, und das schutzwürdige Interesse des Beschäftigten an dem Ausschluss der Erhebung, Verarbeitung oder Nutzung darf nicht überwiegen. Art und Ausmaß der Maßnahmen dürfen im Hinblick auf den Anlass, d. h. die Art und Schwere der Straftat und die Intensität des Verdachts, nicht unverhältnismäßig sein.

Erforderlich ist also in jedem Fall eine Abwägung zwischen dem Aufklärungsinteresse oder der Aufklärungspflicht einerseits und der Erforderlichkeit, Verhältnismäßigkeit und den schutzwürdigen Interessen des Beschäftigten andererseits.

> **TIPP**
>
> Wegen der Vielzahl unbestimmter Rechtsbegriffe im Datenschutzrecht und der damit einhergehenden Rechtsunsicherheit empfiehlt sich im Einzelfall eine eingehende rechtliche Prüfung und unter Umständen eine vorherige Abstimmung der Vorgehensweise mit der zuständigen Datenschutz-Aufsichtsbehörde.

Der systematische Abgleich von Arbeitnehmerdaten wie Namen, Kontonummern, E-Mail-Adressen mit anderen Quellen (z. B. Buchungsvorgängen), etwa für Zwecke der Korruptionsbekämpfung, wird nach dem geltenden Datenschutzrecht nur als zulässig angesehen, wenn tatsächliche Anhaltspunkte für bereits begangene Straftaten vorliegen. Das ist häufig in der Praxis jedoch nicht der Fall. Eine Lösung können hier anonymisierte und pseudonymisierte Verfahren bieten, bei denen technisch die Namen oder Personalnummern von Beschäftigten im Rahmen eines Massenscreenings durch Pseudonyme ersetzt werden und allein die für die Durchführung eines Rasterabgleichs erforderlichen Daten erhoben, verarbeitet und genutzt werden.

Nur wenn sich bei bestimmten Datensätzen tatsächliche Anhaltspunkte für Straftaten ergeben, wird der zu diesem Datensatz gehörige Mitarbeiter ermittelt. Ein solches Vorgehen sollte vorab klar definiert und dokumentiert werden. Es empfiehlt sich unter Umständen auch hier, dieses mit der zuständigen Datenschutzaufsichtsbehörde abzustimmen. Auch Betriebsvereinbarungen können Kontrollen und interne Ermittlungen näher konkretisieren; sie sollten die Art der erfassten Daten und deren Verwendungszweck festlegen, technische und organisatorische Datenschutzmaßnahmen, die Rechte der Arbeitnehmer und die Kontrollmöglichkeiten des Betriebsrats bzw. des Datenschutzbeauftragten regeln.

5.4.28 Unterrichtung der zuständigen Arbeitnehmervertretung

Nach § 80 Abs. 1 Nr. 1 BetrVG hat der Betriebsrat die Aufgabe, darüber zu wachen, dass die zugunsten der Arbeitnehmer geltenden Gesetze, Verordnungen, Unfallverhütungsvorschriften, Tarifverträge und Betriebsvereinbarungen eingehalten werden — einschließlich der datenschutzrechtlichen Bestimmungen. Der Arbeitgeber muss den Betriebsrat zur Durchführung seiner Aufgaben rechtzeitig und umfassend unterrichten. Der Betriebsrat hat insoweit auch das Recht, Einblick in Aufträge für eine Auftragsdatenverwaltung zu nehmen.

5.4.29 Meldepflichten im Fall von Datenschutzverstößen

Unternehmen müssen die Betroffenen (z. B. Kunden oder Mitarbeiter) und die zuständige Aufsichtsbehörde unterrichten, wenn bestimmte personenbezogenen Daten in falsche Hände gelangt sind und schwerwiegende Beeinträchtigungen für die Rechte oder schutzwürdigen Interessen der Betroffenen drohen (siehe § 42a BSDG). Dies kann beispielsweise der Fall sein bei

- erfolgten Hacking-Angriffen auf Datenbanken,
- dem Verlust eines Notebooks o. Ä. mit personenbezogenen Daten oder
- unsachgemäßer Verschrottung von Hardware mit personenbezogenen Daten.

Die Benachrichtigung des Betroffenen muss unverzüglich erfolgen, sobald angemessene Maßnahmen zur Sicherung der Daten ergriffen worden oder nicht unverzüglich erfolgt sind und die Strafverfolgung nicht mehr gefährdet wird. Die Benachrichtigung muss eine Darlegung der Art der unrechtmäßigen Kenntniserlangung und Empfehlungen für Maßnahmen zur Minderung möglicher nachteiliger Folgen enthalten.

Die Mitteilung an die zuständige Aufsichtsbehörde muss zusätzlich eine Darlegung möglicher nachteiliger Folgen der unrechtmäßigen Kenntniserlangung und der ergriffenen Maßnahmen enthalten.

Ist eine individuelle Benachrichtigung nicht praktikabel — etwa weil sie einen unverhältnismäßigen Aufwand erfordern würde, insbesondere aufgrund der Vielzahl der Betroffenen — muss das Unternehmen halbseitige Anzeigen in mindestens zwei bundesweit erscheinenden Tageszeitungen schalten oder eine andere, in ihrer Wirksamkeit hinsichtlich der Information der Betroffenen gleich geeignete Maßnahme ergreifen. Die Betroffenen sind darüber zu informieren, welche Daten durch das Leck abgeflossen sind und welche konkreten Maßnahmen sie zur Schadensminderung treffen sollten.

Die Meldepflicht tritt ein, wenn Rechte oder schutzwürdige Interessen der Betroffenen schwerwiegend beeinträchtigt werden können. Das Unternehmen muss daher in jedem Einzelfall eine Prognose treffen, ob der Verlust gesetzlich definierter Risikodaten — wie etwa Bank-, Kreditkarten- oder Gesundheitsdaten — eine konkrete Gefahr für eine schwerwiegende Beeinträchtigung schafft. Hierfür sollten im Unternehmen spezielle Ablauf- bzw. Notfallpläne erarbeitet, eine zentrale Meldestelle im Unternehmen etabliert und Zuständigkeiten definiert werden. Die Zuständigkeitsregelungen und Aufsichtsmaßnahmen sollen verhindern, dass ein Verschweigen oder Vertuschen von Datenpannen vermieden bzw. erheblich erschwert wird.

Benachrichtigt das Unternehmen die Betroffenen nicht, falsch, unvollständig oder verspätet, droht zum einen ein Bußgeld. Das Unternehmen haftet zum anderen für Schäden, die die Betroffenen bei richtiger und rechtzeitiger Benachrichtigung hätten abwenden können.

Allerdings hat auch eine pünktliche Benachrichtigung ihre Tücken: Es muss eine Formulierung gefunden werden, die den Inhaltsvorgaben des BDSG entspricht und zugleich den Imageschaden und einen Vertrauensverlust für das Unternehmen möglichst gering hält. Die Meldungen können Rückschlüsse auf organisatorische oder technische Mängel bei der Datensicherung erlauben. Das Unternehmen muss also damit rechnen, dass ihm der Wortlaut der Benachrichtigung entgegengehalten wird, wenn die Betroffenen den durch die Datenpanne erlittenen Schaden einklagen. Werden hier leichtfertig Informationen über das gesetzlich geforderte Maß hinaus preisgegeben, kann ein Haftungsrisiko entstehen. In der Praxis empfiehlt es sich daher, Risikodaten zu identifizieren und entsprechende Benachrichtigungsmuster vorzubereiten, auf die im Ernstfall zurückgegriffen werden kann.

5.4.30 Informationspflicht des Diensteanbieters

Stellt ein Diensteanbieter fest, dass bei ihm gespeicherte Bestands- oder Nutzungsdaten unrechtmäßig übermittelt worden oder auf sonstige Weise Dritten unrechtmäßig zur Kenntnis gelangt sind, und drohen schwerwiegende Beeinträchtigungen für die Rechte oder schutzwürdigen Interessen des betroffenen Nutzers, muss er gem. § 15a TMG ebenfalls die Informationspflicht nach § 42a BDSG einhalten.

Das bedeutet, dass er diesen Vorfall der zuständigen Aufsichtsbehörde sowie den Betroffenen unverzüglich mitteilen muss.

Die Benachrichtigung des Betroffenen muss unverzüglich erfolgen, sobald angemessene Maßnahmen zur Sicherung der Daten ergriffen worden oder nicht unverzüglich erfolgt sind und die Strafverfolgung nicht mehr gefährdet wird.

Die Benachrichtigung an die Betroffenen muss die Art der unrechtmäßigen Kenntniserlangung darstellen und Empfehlungen für Maßnahmen zur Minderung möglicher nachteiliger Folgen enthalten.

Die Mitteilung an die zuständige Aufsichtsbehörde muss zusätzlich eine Darlegung möglicher nachteiliger Folgen der unrechtmäßigen Kenntniserlangung und der von der Stelle daraufhin ergriffenen Maßnahmen enthalten. Soweit die Benachrichtigung der Betroffenen einen unverhältnismäßigen Aufwand erfordern würde, insbesondere aufgrund der Vielzahl der betroffenen Fälle, tritt an ihre Stelle die Information der Öffentlichkeit durch Anzeigen in mindestens zwei bundesweit erscheinenden Tageszeitungen, die mindestens eine halbe Seite umfassen, oder durch eine andere, in ihrer Wirksamkeit hinsichtlich der Information der Betroffenen gleich geeignete Maßnahme.

5.4.31 Ablaufplan zum Umgang mit Datenschutzbeschwerden

Für Datenschutzbeschwerden z. B. von Kunden sollte ein Ablaufplan existieren, der standardmäßig eingehalten wird, wenn eine solche Beschwerde eingeht. In ihm sollten insbesondere folgende Themen behandelt werden:

- Zuständigkeit für die Entgegennahme der Beschwerde,
- Registrierung allgemeiner Informationen zur Beschwerde (Absender, Kontaktdaten, Zeitpunkt des Beschwerdeeingangs etc.),
- Überprüfung des Sachverhaltes (ggf. durch Rückfragen),
- Information der zuständigen internen Stellen (z. B. Unternehmensleitung, Compliance, IT, Recht),
- Prüfung, ob weitere Betroffene und die zuständige Aufsichtsbehörde zu unterrichten sind (vgl. § 42a BSDG), und Festlegung, wie diese Unterrichtung erfolgen soll,
- Rückmeldungen an den Beschwerdeführer über den Stand der Untersuchungen,
- Prüfung der Rechtmäßigkeit des Umgangs mit den personenbezogenen Daten,
- finale Antwort an den Beschwerdeführer und
- Einleitung von internen Korrekturmaßnahmen.

5.4.32 Auftragsdatenverarbeitung durch Dritte

Bei der sog. Auftragsdatenverarbeitung werden personenbezogene Daten (beispielsweise Kunden- oder Mitarbeiterdaten) im Auftrag und nach Weisungen des Unternehmens durch andere Stellen erhoben, verarbeitet oder genutzt. Dies kann z. B. aufgrund eines Dienst-, Werk-, Geschäftsbesorgungs- oder Wartungsvertrages erfolgen (etwa für Zwecke des IT-Outsourcings mit externem Datenserver, bei externer Personaldatenverwaltung o. Ä.).

Die andere Stelle (= Auftragnehmer) handelt dabei weisungsabhängig und nur im Auftrag des Unternehmens. Der Auftraggeber bleibt „Herr der Daten" und bestimmt allein über deren Verwendung.

Auch ein anderes Konzernunternehmen, das personenbezogene Daten im Auftrag erhebt, verarbeitet oder nutzt, kann eine solche „andere Stelle" sein; insoweit gilt keine datenschutzrechtliche Privilegierung. Der Auftragsdatenverarbeitung sind die Prüfung oder Wartung automatisierter Verfahren oder von Datenverarbeitungsanlagen durch Dritte gleichgestellt, wenn dabei ein Zugriff auf personenbezogene Daten nicht ausgeschlossen werden kann (vgl. § 11 Abs. 5 BDSG).

Keine Auftragsdatenverwaltung, sondern ein „Übermitteln" von Daten i. S. von § 3 Abs. 4 Nr. 3 BDSG liegt vor, wenn der Dritte eigenständige Verfügungsbefugnisse bezüglich der personenbezogenen Daten hat (sog. Funktionsübertragung). Für eine Funktionsübertragung müssen die allgemeinen datenschutzrechtlichen Voraussetzungen für eine Datenübertragung vorliegen (vgl. §§ 4 Abs. 1, 28 BDSG).

Der Auftraggeber bleibt im Falle der Auftragsdatenverarbeitung für die Einhaltung aller Vorschriften des BDSG und sonstiger Datenschutzvorschriften verantwortlich (vgl. §§ 11 Abs. 1, 3 Abs. 7 BDSG). Die Rechte auf Auskunft, Berichtigung, Löschung und Sperrung von Daten müssen also gegenüber dem Auftraggeber geltend gemacht werden (vgl. §§ 6 Abs. 1, 11 Abs. 1 BDSG). Dieser ist bei Verstößen schadensersatzpflichtig, auch bei solchen durch den Auftragnehmer (§§ 7, 11 Abs. 1 BDSG).

Der Auftragnehmer der Auftragsdatenverwaltung darf die Daten nur im Rahmen der Weisungen des Auftraggebers erheben, verarbeiten oder nutzen. Ist er der Ansicht, dass eine Weisung des Auftraggebers gegen das BDSG oder andere Vorschriften über den Datenschutz verstößt, hat er den Auftraggeber unverzüglich darauf hinzuweisen. Dem Auftragnehmer sollte beim Auftraggeber daher ein Ansprechpartner für solche Hinweise benannt werden. Auf die Hinweise muss umgehend reagiert werden, damit eventuelle Datenschutzverstöße unterbleiben.

5.4.32.1 Auswahl externer Auftragsdatenverarbeiter

§ 11 Abs. 2 S. 1 BDSG bestimmt, dass der Auftragnehmer einer Auftragsdatenverarbeitung unter besonderer Berücksichtigung der Eignung der von ihm getroffenen technischen und organisatorischen Maßnahmen sorgfältig auszuwählen ist. Dasselbe gilt für Dienstleister, die die Prüfung oder Wartung automatisierter Verfahren oder von Datenverarbeitungsanlagen übernehmen, wenn dabei ein Zugriff auf personenbezogene Daten nicht ausgeschlossen werden kann (vgl. § 11 Abs. 5 BDSG).

Je sensibler die betroffenen Daten sind, desto höher sind die Anforderungen an die zu treffenden Maßnahmen. Zu den Sorgfaltsmaßnahmen zählen u. a.:

- Vor-Ort-Prüfung der technischen und organisatorischen Maßnahmen (ggf. mithilfe eines Datenschutz-Audits),
- Einsichtnahme in Datenschutz-Zertifizierungen, Audit-Ergebnisse o. Ä.,
- Prüfung, ob die bei der Datenverarbeitung beschäftigten Personen (u. a. IT-Mitarbeiter, betroffene Personen in den Fachabteilungen, freie Mitarbeiter, Leiharbeitnehmer, Praktikanten) gem. § 5 Satz 2 BDSG bei der Aufnahme ihrer Tätigkeit ausdrücklich auf das Datengeheimnis verpflichtet wurden,
- Prüfung, ob der beim Auftragnehmer gesetzlich zu bestellende Datenschutzbeauftragte tatsächlich (schriftlich) bestellt wurde (Auftragnehmer einer Auftragsdatenverarbeitung haben in der Regel ebenfalls einen Datenschutzbeauftragten zu bestellen, soweit sie personenbezogene Daten im Auftrag als Dienstleistungsunternehmen geschäftsmäßig erheben, verarbeiten oder nutzen, vgl. § 4f, § 11 Abs. 4 BDSG),
- Einholung von Referenzen über den Auftragnehmer.

5.4.32.2 Aufträge mit externen Auftragsdatenverarbeitern

Bei der Auftragsdatenverarbeitung muss mit den Auftragnehmern ein schriftlicher Auftrag geschlossen werden, der die vorgenannten gesetzlich vorgeschriebenen Regelungsgegenstände im Einzelnen festlegt (§ 11 Abs. 2 BDSG); dazu zählen:

- Gegenstand und Dauer des Auftrags,
- Umfang, Art und Zweck der vorgesehenen Erhebung, Verarbeitung oder Nutzung von Daten, die Art der Daten und der Kreis der Betroffenen,
- technische und organisatorische Datenschutzmaßnahmen,
- Berichtigung, Löschung und Sperrung von Daten,
- die Pflichten des Auftragnehmers einschließlich vorzunehmender Kontrollen,

- evt. Berechtigung zur Begründung von Unterauftragsverhältnissen,
- Kontrollrechte des Auftraggebers und die entsprechenden Duldungs- und Mitwirkungspflichten des Auftragnehmers,
- Umfang der Weisungsbefugnisse und
- Umgang mit gespeicherten Daten nach Auftragsbeendigung.

Allgemeine Ausführungen, wie z. B.: „Es sind die notwendigen technischen und organisatorischen Datenschutzmaßnahmen zu treffen", genügen nicht. Anderenfalls kommt der Vertrag nicht wirksam zustande (vgl. § 125 BGB); eine Übermittlung von Daten an den Auftragnehmer darf nicht erfolgen.

Diese Regelungen gelten auch für Altverträge über eine Auftragsdatenverarbeitung. Dasselbe gilt, wenn die Prüfung oder Wartung automatisierter Verfahren oder von Datenverarbeitungsanlagen durch Dritte vorgenommen wird, wenn dabei ein Zugriff auf personenbezogene Daten nicht ausgeschlossen werden kann (vgl. § 11 Abs. 5 BDSG).

Der Auftrag zur Auftragsdatenverarbeitung kann darüber hinaus weitere Regelungen enthalten (z. B. Regelungen zu Haftung und Freistellung, Vertragsstrafen, Standort der Server, Verfügbarkeiten und Service Levels, Leistungsstörungen).

5.4.32.3 Kontrollen bei externen Auftragsdatenverarbeitern

Der Auftraggeber ist bei der Auftragsdatenverarbeitung für die Einhaltung der Vorschriften des BDSG und anderer Datenschutzbestimmungen (vgl. §§ 11 Abs. 1, 3 Abs. 7 BDSG) verantwortlich. Daraus folgt auch dessen Pflicht, sich vor Beginn der Datenverarbeitung und sodann regelmäßig von der Einhaltung der beim Auftragnehmer getroffenen technischen und organisatorischen Maßnahmen zu überzeugen (siehe § 11 Abs. 2 BDSG). Dies gilt auch, wenn Dritte eine Prüfung oder Wartung automatisierter Verfahren oder von Datenverarbeitungsanlagen vornehmen und dabei ein Zugriff auf personenbezogene Daten nicht ausgeschlossen werden kann (vgl. § 11 Abs. 5 BDSG). Diese Kontrollpflicht besteht also nicht einmalig, sondern fortwährend während des Auftragsverhältnisses. Sie bezieht sich auch auf genehmigte Unterauftragsverhältnisse.

5.4.32.4 Dokumentation der Überprüfungsergebnisse

Das Ergebnis der Überprüfungen zur Einhaltung der beim Auftragnehmer getroffenen technischen und organisatorischen Maßnahmen muss dokumentiert werden (vgl. § 11 Abs. 2 Satz 5 BDSG).

5.4.32.5 Weisungsgebundenheit des externen Auftragsdatenverarbeiters

Bedient sich ein Unternehmen der Möglichkeit der Auftragsdatenverarbeitung durch einen Auftragnehmer oder wird die Prüfung oder Wartung von IT-Systemen, bei denen ein Zugriff auf personenbezogene Daten nicht ausgeschlossen werden kann, durch Dritte vorgenommen, muss der Auftragnehmer den Weisungen des Unternehmens folgen. Er darf ausschließlich im Interesse des Auftraggebers tätig werden. Dem Dritten müssen klare Aufträge bzw. konkrete Verfahrensvorgaben erteilt werden (vgl. § 11 Abs. 3, 5 BDSG), die aus Beweisgründen dokumentiert werden sollten.

Hält der Auftragnehmer diese Weisungen nicht ein, muss der Auftraggeber reagieren und die Einhaltung der Weisungen einfordern, den Auftrag ggf. (fristlos) kündigen und eine weitere Datenerhebung, -verarbeitung oder -nutzung unterbinden.

5.4.33 Durchführung der Auftragsdatenverwaltung für Dritte

Führt das eigene Unternehmen für Dritte die Auftragsdatenverarbeitung durch, gelten nachfolgende Vorgaben:

Bei der Auftragsdatenverwaltung dürfen die Daten des Auftraggebers vom Auftragnehmer nur im Rahmen der Auftraggeberweisungen erhoben, verarbeitet oder genutzt werden. Anderenfalls liegt eine Verletzung des Datengeheimnisses (vgl. § 5 BDSG) vor. Der Auftragnehmer einer Auftragsdatenverwaltung muss den Auftraggeber unverzüglich darauf hinweisen, wenn er der Ansicht ist, dass eine Weisung des Auftraggebers gegen das BDSG oder andere Datenschutzvorschriften verstößt (vgl. § 11 Abs. 3 Satz 2 BDSG).

5.4.33.1 Nutzung von überlassenen personenbezogenen Daten

Die personenbezogenen Daten, die der Auftraggeber dem Auftragnehmer bei der Auftragsdatenverwaltung überlässt, dürfen nur für den Auftrag genutzt werden.

5.4.33.2 Maßnahmen zur Einhaltung des Datenschutzes

§ 11 Abs. 4, 5 und § 9 BDSG verlangen vom Auftragnehmer der Auftragsdatenverarbeitung und von Dienstleistern für die Prüfung oder Wartung von IT-Systemen, bei denen ein Zugriff auf personenbezogene Daten nicht ausgeschlossen werden kann, dass die technischen und organisatorischen Maßnahmen getroffen werden, die erforderlich sind, um die datenschutzrechtlichen Bestimmungen zu gewährleisten.

5.4.34 Datenschutzbericht

Damit die Geschäftsleitung auf alle Fragen rund um den Datenschutz angemessen reagieren und ihre Verantwortung für den Datenschutz wahrnehmen kann, braucht sie alle wesentlichen Informationen über die angewandten Methoden der Datenerfassung und die ggf. bestehenden Hindernisse. Hier empfiehlt sich ein Datenschutzbericht, um die Geschäftsleitung zu informieren, wie die gesetzlichen Datenschutzbestimmungen im Unternehmen umgesetzt werden, an welchen Stellen es eventuell Probleme gibt und welche weiteren Maßnahmen in Zukunft ergriffen werden sollten.

Inhalte des Datenschutzberichts sollten u. a. sein:

- aktuelle Gesetzesentwicklungen und ihre Auswirkungen auf die Organisation,
- im Berichtsjahr durchgeführte Maßnahmen (ggf. Erläuterung der Funktionsweise der eingeführten Software oder Hardware),
- geplante Maßnahmen und aktuelle Projekte einschließlich eventueller Umsetzungsschwierigkeiten,
- Entscheidungsvorschläge (z. B. Neuanschaffungen oder Änderungen),
- Budgetfragen.

Ein Datenschutzbericht ist auch sinnvoll, um offensiv gegenüber allen Betroffenen (Kunden, Mitarbeitern, Behörden etc.) Datenschutzthemen zu kommunizieren und die in diesem Bereich — ggf. über die gesetzlichen Vorgaben hinaus — getroffenen Maßnahmen des Unternehmens zu erläutern. Die Schaffung einer solchen Vertrauensbasis ist Grundlage für nachhaltige Geschäftsbeziehungen.

5.4.35 Reaktion auf eingetretene Datenschutzverstöße

Das Unternehmen sollte auftretende Datenschutzverstöße umgehend aufgreifen und nach Möglichkeit aufklären und sanktionieren. Die als Reaktion auf Datenschutzverstöße getroffenen Maßnahmen sollten sowohl intern gegenüber allen Beschäftigten als auch nach außen gegenüber der Öffentlichkeit und den betroffenen Personenkreisen (z. B. den Stakeholdern) kommuniziert werden, um die Basis für die Wiederherstellung des Vertrauens zu legen.

5.4.36 Datenschutzaudit durch externe Stelle

Wer aufgrund eines Datenschutzaudits durch eine externe Stelle, bei dem die Datenschutzkonzepte bzw. IT-Einrichtungen des Unternehmens in einem formellen Auditverfahren geprüft werden, nachweisen kann, dass er die gesetzlichen Anforderungen erfüllt, kann Wettbewerbsvorteile mit Blick auf Kundenvertrauen oder Image erzielen. Daher kann sich die Durchführung eines Datenschutzaudits durch unabhängige Gutachter empfehlen — insbesondere in sensitiven Datenbereichen, in denen das Kundenvertrauen eine große Rolle spielt (vgl. § 9a BDSG). Ziel eines solchen Audits soll u. a. eine kontinuierliche Qualitätssteigerung sein, indem Schwachstellen im Datenschutz transparent gemacht und Verbesserungspotenziale aufgezeigt werden.

5.5 Arbeits- und sozialversicherungsrechtliche Compliance

Eine Fülle von Anforderungen, die sich aus Gesetz und Rechtsprechung ergeben, sind im Personalbereich zur Sicherstellung der arbeits- und sozialversicherungsrechtlichen Compliance zu beachten. Die hier anwendbaren Regelungen finden sich in Ermangelung eines Arbeitsgesetzbuches verstreut in einer Vielzahl von Regelwerken. Die nachfolgenden Ausführungen enthalten einen nicht abschließenden Überblick der wichtigsten Compliance-Vorgaben im Arbeits- und Sozialversicherungsrecht.

5.5.1 Allgemeines Gleichbehandlungsgesetz

5.5.1.1 Maßnahmen gegen Diskriminierung

Gemäß § 12 AGG ist der Arbeitgeber verpflichtet, die erforderlichen Maßnahmen zum Schutz von Bewerbern und Mitarbeitern vor Benachteiligungen aus Gründen der Rasse oder wegen der ethnischen Herkunft, des Geschlechts, der Religion oder Weltanschauung, einer Behinderung (vgl. Definition in § 2 Abs. 1, S. 1 SGB IX), des Alters oder der sexuellen Identität zu treffen. Alle Personalmaßnahmen (Vergütungsregelung, Beförderungen, Qualifizierungsmaßnahmen) müssen diskriminierungsfrei erfolgen. Das Gesetz verlangt ausdrücklich auch vorbeugende Maßnahmen (vgl. § 12 Abs. 1 Satz 2 AGG), beispielsweise Schulungen.

Das Benachteiligungsverbot nach dem AGG wird ergänzt durch das Benachteiligungsverbot nach dem Gendiagnostikgesetz (§ 21 GenDG). Danach darf niemand wegen seiner oder der genetischen Eigenschaften einer genetisch verwandten Person, wegen der Vornahme oder Nichtvornahme einer genetischen Untersuchung oder Analyse bei sich oder einer genetisch verwandten Person oder wegen des Ergebnisses einer solchen Untersuchung oder Analyse benachteiligt werden (§ 4 Abs. 1 GenDG). Dies kann etwa bei der Einstellung neuer Mitarbeiter relevant sein.

5.5.1.2 Diskriminierungsverbot bei Aus- und Fortbildung

Zu den nach dem AGG verlangten Maßnahmen zählt, dass das Unternehmen auch im Rahmen der beruflichen Aus- und Fortbildung auf die Unzulässigkeit von Benachteiligungen aus Gründen der Rasse oder wegen der ethnischen Herkunft, des Geschlechts, der Religion oder Weltanschauung, einer Behinderung, des Alters oder der sexuellen Identität hinweist und darauf hinwirkt, dass diese unterbleiben (§ 12 Abs. 2 AGG).

5.5.1.3 Gegenmaßnahmen bei Diskriminierungen von Beschäftigten des eigenen Unternehmens

§ 12 Abs. 3 AGG verlangt geeignete, erforderliche und angemessene Gegenmaßnahmen des Arbeitgebers, wenn seine Beschäftigten gegen das Benachteiligungsverbot verstoßen. Der Arbeitgeber muss in solchen Fällen also z. B. mit einer gegen die diskriminierende Person gerichteten Abmahnung, Umsetzung, Versetzung oder Kündigung reagieren, um die Benachteiligung zu beenden.

5.5.1.4 Gegenmaßnahmen bei der Diskriminierung von Beschäftigten durch Dritte

Der Arbeitgeber darf ebensowenig Benachteiligungen der eigenen Beschäftigten durch Dritte dulden. Werden Beschäftigte des Unternehmen bei der Ausübung ihrer Tätigkeit durch Dritte aus Gründen der Rasse oder wegen der ethnischen Herkunft, ihres Geschlechts, der Religion oder Weltanschauung, einer Behinderung, des Alters oder ihrer sexuellen Identität benachteiligt, so muss er die im Einzelfall geeigneten, erforderlichen und angemessenen Maßnahmen zum Schutz der Beschäftigten ergreifen (§ 12 Abs. 4 AGG).

5.5.1.5 Aufklärung über die Pflicht zur Unterbindung von Benachteiligungen

Damit der Arbeitgeber seiner Pflicht zum Ergreifen von Gegenmaßnahmen nachkommen kann, wenn Beschäftigte aus einem der im AGG genannten Gründe benachteiligt werden, ist es wichtig, dass alle Beschäftigten mit Personalverantwortung ausdrücklich, z. B. durch Schulungen, darüber aufgeklärt werden, dass sie in einem solchen Fall aktiv werden müssen.

5.5.1.6 Prüfung von Beschwerden wegen Benachteiligung

§ 13 AGG regelt das Beschwerderecht von Beschäftigten, die sich im Zusammenhang mit ihrem Beschäftigungsverhältnis vom Arbeitgeber, von Vorgesetzten, anderen Beschäftigten oder Dritten wegen eines der in § 1 AGG genannten Gründe benachteiligt fühlen. Der Arbeitgeber ist verpflichtet, dem beschwerdeführenden Beschäftigten das Ergebnis der Prüfung durch die Beschwerdestelle mitzuteilen.

5.5.1.7 Stellenausschreibungen

Stellenausschreibungen dürfen keinen Verstoß gegen das Benachteiligungsverbot des AGG enthalten (vgl. §§ 7 Abs. 1, 11 AGG). Stellenanzeigen, die dies nicht berücksichtigen, sind in einem späteren Gerichtsverfahren ein Indiz für eine unzulässige Benachteiligung gem. § 22 AGG, so dass der Arbeitgeber im Streitfall den Nachweis erbringen muss, dass eine Einstellung nicht gegen Bestimmungen zum Schutz vor Benachteiligung verstoßen hat. Gelingt ihm dies nicht, ist er schadensersatzpflichtig, selbst wenn am Ende niemand eingestellt wurde.

Manche Unternehmen entscheiden sich freiwillig, im Bewerbungsverfahren anonymisierte Bewerbungsunterlagen ohne Foto und Angaben zu Geschlecht, Name, Herkunft, Familienstand oder Alter zu verlangen, um mögliche Diskriminierungen bei der Erstauswahl zu vermeiden.

5.5.1.8 Bewerbungsgespräche und Auswahlentscheidung

Da bei Indizien für eine Diskriminierung Gefahr droht, Schadensersatz leisten zu müssen (vgl. § 22 AGG), sollte zu Bewerbungsgesprächen ein Gesprächsprotokoll angefertigt werden. Die relevanten (diskriminierungsfreien) Einstellungskriterien und die Motive der Entscheidung über die Bewerberauswahl sollten darin aus Nachweisgründen festgehalten werden.

Es empfiehlt sich zusätzlich, dass ein Zeuge beim Bewerbungsgespräch anwesend ist. Nicht sinnvoll ist es, dass ein Bewerbungsgespräch von einem Geschäftsführer allein geführt wird, da dieser im Falle eines Prozesses nicht als Zeuge gilt.

5.5.1.9 Bewerbungsabsagen

Auch die Bewerbungsabsagen müssen diskriminierungsfrei sein, d. h., sie dürfen keine Formulierungen enthalten, die als Benachteiligung i. S. des § 1 AGG ausgelegt werden könnten. Formulierungen in Absageschreiben sollen daher neutral gefasst sein. Bei der Absage gegenüber schwerbehinderten Bewerbern ist ein Arbeitgeber gem. § 81 Abs. 1 SGB IX verpflichtet, die Absage zu begründen.

Bestehen Anhaltspunkte, dass ein Bewerber ein AGG-Hopper sein könnte, d. h. eine Person, die sich nur zum Schein auf Stellenanzeigen bewirbt, um später eine Entschädigung wegen angeblichen Verstoßes gegen das AGG zu erhalten, so sollte das Ablehnungsschreiben mit einem Zugangsnachweis versandt werden, um sich ggf. auf die Ausschlussfrist (§ 15 Abs. 4 AGG) für Klagen auf Entschädigung bzw. Schadensersatz berufen zu können.

5.5.1.10 Entlohnung von Frauen und Männern für gleiche Arbeit

Das AGG schreibt vor, dass Frauen und Männer für die gleiche Arbeit die gleiche Entlohnung erhalten müssen. Benachteiligte können Schadensersatz geltend machen, wenn sie wegen ihres Geschlechts oder wegen einer Schwangerschaft für die gleiche Arbeit weniger Geld erhalten. Sie müssen dabei Anhaltspunkte für eine Benachteiligung vorbringen können; die Beweislast dafür, dass kein Verstoß gegen die Bestimmungen zum Schutz vor Benachteiligung vorgelegen hat, trägt dann der Arbeitgeber (§ 22 AGG).

5.5.1.11 Dokumentation der Maßnahmen zur Vermeidung von Benachteiligungen

Nach dem AGG trägt der Arbeitgeber im Streitfall die Beweislast dafür, dass er nicht diskriminiert hat, wenn die andere Partei Indizien für eine Benachteiligung anführen kann (vgl. § 22 AGG). Aus diesem Grund empfiehlt es sich, gründlich zu dokumentieren, welche Erwägungen für eine bestimmte Entscheidung (z. B. personelle Einzelmaßnahme) maßgeblich waren, wenn eventuell eine Benachteiligung geltend gemacht werden könnte. Ferner sollten alle allgemeinen Maßnahmen (wie z. B. Schulungen) zur Verhinderung von Benachteiligungen dokumentiert werden, um nachweisen zu können, dass der Arbeitgeber auch die gem. § 12 Abs. 1 AGG geforderten vorbeugenden Maßnahmen getroffen hat.

5.5.2 Mobbingfälle

Der Grundsatz, dass Anfeindungen, Schikanen oder Diskriminierungen von Beschäftigten untereinander oder durch einen Vorgesetzten („Mobbing") nicht toleriert werden, sollte im Unternehmen ausdrücklich formuliert und kommuniziert werden, z. B. in einer Anti-Mobbing- und Anti-Diskriminierungsrichtlinie. Dies setzt ein klares Signal gegen Mobbing. In den Ausführungen sollte wertschätzendes Verhalten untereinander ausdrücklich verlangt werden. Betroffenen Mitarbeitern sollte eine (unternehmensinterne oder -externe) Anlaufstelle benannt werden, an die sie sich in solchen Fällen wenden können (siehe auch das Beschwerderecht gem. § 13 AGG).

Der Arbeitgeber ist arbeitsrechtlich verpflichtet, Beschäftigte (präventiv) vor Mobbing zu schützen und bereits aufgetretene Verletzungen des Persönlichkeitsrechts von Beschäftigten (repressiv) zu unterbinden. Das Thema „Verhinderung von Mobbing" sollte Gegenstand von Schulungen sein. Mitarbeiter und Führungskräfte mit Personalführungsverantwortung müssen Mobbingfälle konsequent aufgreifen und die notwendigen Gegenmaßnahmen einleiten.

Reagiert das Unternehmen nicht auf Mobbingfälle, drohen Schadensersatzforderungen und Bußgelder. Je nach betroffener Rechtsordnung können diese eine empfindliche Größenordnung annehmen. Es empfiehlt sich, Mitarbeitern und Personen mit Personalführung ausdrückliche Handlungsleitlinien an die Hand zu geben, wie bei Mobbingfällen vorzugehen ist.

5.5.3 Beschäftigungsquoten

Während manche Länder über gesetzliche Regelungen zum Mindestanteil von Frauen in Führungs- oder Aufsichtspositionen (z. B. im Aufsichtsrat) verfügen, besteht in anderen Ländern keine gesetzliche Pflicht hierzu. Einige Unternehmen verpflichten sich unternehmensintern zur Erreichung bestimmter Quoten oder zur Durchführung spezieller Fördermaßnahmen, um den Anteil von Frauen in Führungspositionen zu erhöhen.

Ziffer 4.1.5 des Deutschen Corporate Governance Kodex sieht vor, dass der Vorstand bei der Besetzung von Führungsfunktionen auch eine angemessene Berücksichtigung von Frauen anstreben soll.

5.5.4 Unzulässige Fragen im Bewerbungsgespräch

Ein Arbeitgeber darf einem Bewerber nur solche Fragen stellen, an deren wahrheitsgemäßer Beantwortung er ein berechtigtes Interesse hat. Das ist der Fall, wenn die Beantwortung der Frage für die spätere Beschäftigung von Bedeutung ist, wenn also dem Arbeitgeber durch die wahrheitswidrige Beantwortung ein Schaden entstehen kann.

- Die Frage nach einer Alkohol- oder Drogenabhängigkeit ist nur zulässig, wenn die auszuübende Tätigkeit mit einer solchen Erkrankung unvereinbar ist (z. B. bei Berufskraftfahrern).
- Entsprechendes gilt für andere Erkrankungen, wenn dadurch die Eignung für die vorgesehene Tätigkeit ausgeschlossen wird.
- Nach einer Vorstrafe darf nur gefragt werden, wenn die Tat einen Bezug zur geplanten Tätigkeit haben könnte (z. B. Frage nach Vermögensdelikten bei Buchhaltern oder Kassierern, nach Sexualdelikten bei Erziehern, nach Verkehrsdelikten bei Berufskraftfahrern).
- Grundsätzlich unzulässig sind Fragen nach einer Schwangerschaft, Behinderung, Gewerkschafts- oder Parteizugehörigkeit.

Fragen nach Ausbildung, Qualifikation und beruflichem Werdegang sind immer zulässig und müssen wahrheitsgemäß beantwortet werden.

5.5.5 Benachteiligungsverbot bei der Ausübung von Rechten

Mitarbeiter, die ihre Rechte in zulässiger Weise ausüben (z. B. indem sie sich an die Compliance-Hotline wenden, um Missstände zu melden oder unzulässige Benachteiligungen geltend zu machen), dürfen nach dem sog. Maßregelungsverbot nicht benachteiligt werden (vgl. § 612a BGB, § 16 AGG). Gemäß § 22 AGG trägt der Arbeitgeber auch hier die Beweislast, dass kein Verstoß gegen das Benachteiligungsverbot vorliegt, wenn der Arbeitnehmer im Streitfall Indizien vorbringt, die eine Benachteiligung aus Gründen der Rasse oder wegen der ethnischen Herkunft, des Geschlechts, der Religion oder Weltanschauung, einer Behinderung, des Alters oder der sexuellen Identität vermuten lassen.

5.5.6 Nebentätigkeiten

Nebentätigkeiten können Konflikte bei Arbeitnehmern zwischen den Pflichten gegenüber dem Arbeitgeber und persönlichen Interessen auslösen — etwa wenn ein Arbeitnehmer eigene Aktivitäten in ähnlichen Geschäftsbereichen wie sein Arbeitgeber verfolgt. Solche Nebentätigkeiten können die Regeltreue eines Arbeitnehmers gefährden z. B. was seine Vertraulichkeitspflichten oder die Meldung von Diensterfindungen anbelangt. Die Anstellungsverträge sollten daher klare, im Einklang mit dem Arbeitsrecht stehende Regelungen enthalten, welche Nebentätigkeiten

- gestattet bzw. verboten sind und
- welche Nebentätigkeiten einer vorherigen Zustimmung oder einer Anzeige an das Unternehmen bedürfen, sofern nicht tarifvertragliche Regelungen bestehen.

In letzterem Fall sollen die Arbeitnehmer über die tarifvertraglichen Nebentätigkeitsbestimmungen bei Arbeitsbeginn informiert werden. Insbesondere wenn es um eine gleichzeitige Tätigkeit für Wettbewerber, Kunden oder Lieferanten geht, müssen eindeutige Regelungen bestehen, um potenziellen Interessenskonflikten vorzubeugen. Sofern nicht besondere Regelungen im Tarifvertrag bestehen, ist grundsätzlich jede Konkurrenztätigkeit zum Nachteil des Arbeitgebers selbst ohne gesonderte Regelung untersagt.

Auch die zulässigen bzw. unzulässigen Tätigkeiten in unternehmensexternen Gremien (Aufsichtsräten, Beiräten, Verbänden etc.) und Veröffentlichungen sollten eindeutig im Rahmen der arbeitsrechtlichen Möglichkeiten definiert sein.

5.5.7 Arbeitsschutz und -sicherheit

5.5.7.1 Gefährdungsbeurteilung nach dem Arbeitsschutzgesetz

Der Arbeitgeber muss gem. § 5 Arbeitsschutzgesetz (ArbSchG) durch eine Beurteilung der für die Beschäftigten mit ihrer Arbeit verbundenen Gefährdung ermitteln, welche Arbeitsschutzmaßnahmen erforderlich sind. Er hat die Beurteilung je nach Art der Tätigkeiten vorzunehmen. Bei gleichartigen Arbeitsbedingungen ist die Beurteilung eines Arbeitsplatzes oder einer Tätigkeit ausreichend.

Eine Gefährdung kann sich insbesondere ergeben durch:

- die Gestaltung und die Einrichtung der Arbeitsstätte und des Arbeitsplatzes,
- physikalische, chemische und biologische Einwirkungen,
- die Gestaltung, die Auswahl und den Einsatz von Arbeitsmitteln, insbesondere von Arbeitsstoffen, Maschinen, Geräten und Anlagen sowie den Umgang damit,
- die Gestaltung von Arbeits- und Fertigungsverfahren, von Arbeitsabläufen und Arbeitszeit und deren Zusammenwirken und
- unzureichende Qualifikation und Unterweisung der Beschäftigten.

Die Gefährdungsbeurteilung muss fachkundig durchgeführt werden. Verfügt der Arbeitgeber nicht selbst über die entsprechenden Kenntnisse, hat er sich fachkundig beraten zu lassen (vgl. § 3 Abs. 3 Arbeitsstättenverordnung).

Bei der Gefährdungsbeurteilung muss der Arbeitgeber zunächst feststellen, ob die Beschäftigten Gefährdungen beim Einrichten und Betreiben von Arbeitsstätten ausgesetzt sind oder ausgesetzt sein können. Ist dies der Fall, muss er alle möglichen Gefährdungen der Gesundheit und Sicherheit der Beschäftigten beurteilen. Entsprechend dem Ergebnis der Gefährdungsbeurteilung muss er Schutzmaßnahmen nach dem Stand der Technik, der Arbeitsmedizin und Hygiene festlegen und dabei „gesicherte arbeitswissenschaftliche Erkenntnisse" berücksichtigen (vgl. § 3 Abs. 1 Arbeitsstättenverordnung).

5.5.7.2 Dokumentation der Gefährdungsbeurteilung

§ 5 Abs. 1 ArbSchG schreibt vor, dass das Ergebnis der Gefährdungsbeurteilung, die vom Arbeitgeber festgelegten Maßnahmen des Arbeitsschutzes und das Ergebnis ihrer Überprüfung dokumentiert werden müssen. Bei gleichartiger Gefährdungssituation ist es ausreichend, wenn die Unterlagen zusammengefasste Angaben enthalten. In der Dokumentation ist anzugeben, welche Gefährdungen am Arbeitsplatz auftreten können und welche Schutzmaßnahmen durchgeführt werden müssen (§ 3 Abs. 3 Arbeitsstättenverordnung).

5.5.7.3 Unterweisungen zu Sicherheit und Gesundheitsschutz

Die Unterweisungen der Beschäftigten zu Sicherheit und Gesundheitsschutz bei der Arbeit sind in § 12 ArbSchG vorgeschrieben. Die Unterweisung muss bei der Einstellung, bei Veränderungen im Aufgabenbereich, der Einführung neuer Arbeitsmittel oder einer neuen Technologie vor Aufnahme der Tätigkeit der Beschäftigten erfolgen. Sie muss an die Gefährdungsentwicklung angepasst sein und erforderlichenfalls regelmäßig wiederholt werden. Sie muss während der Arbeitszeit erfolgen. Bei einer Arbeitnehmerüberlassung muss der Entleiher unter Berücksichtigung der Qualifikation und der Erfahrung der Personen, die ihm zur Arbeitsleistung überlassen werden, die Unterweisung vornehmen.

5.5.7.4 Erste Hilfe, Brandbekämpfung und Evakuierung

Der Arbeitgeber hat entsprechend der Art der Arbeitsstätte und der Tätigkeiten sowie der Zahl der Beschäftigten die Maßnahmen zu treffen, die zur Ersten Hilfe, Brandbekämpfung und Evakuierung der Beschäftigten erforderlich sind. Er hat auch dafür zu sorgen, dass im Notfall die erforderlichen Verbindungen zu außerbetrieblichen Stellen, insbesondere in den Bereichen der Ersten Hilfe, der medizinischen Notversorgung, der Bergung und der Brandbekämpfung eingerichtet sind (§ 10 Abs. 1 ArbSchG).

Er muss ferner Beauftragte für Brandschutz, Evakuierung und Erste Hilfe benennen. Anzahl, Ausbildung und Ausrüstung der Beauftragten müssen in einem angemessenen Verhältnis zur Zahl der Beschäftigten und zu den bestehenden besonderen Gefahren stehen. Vor der Benennung hat der Arbeitgeber den Betriebsrat zu hören (§ 12 Abs. 2 ArbSchG).

5.5.7.5 Unfälle mit Todesfolge oder Verletzung und Arbeitsunfähigkeit

Unfälle, bei denen ein Beschäftigter getötet oder so verletzt wird, dass er stirbt oder für mehr als drei Tage völlig oder teilweise arbeitsunfähig wird, hat der Arbeitgeber gem. § 5 Abs. 2 ArbSchG zu erfassen.

5.5.7.6 Arbeitsstättenverordnung und -richtlinen

Die Arbeitsstättenverordnung enthält eine Vielzahl von Vorgaben zum Schutz der Sicherheit und dem Gesundheitsschutz der Beschäftigten beim Einrichten und Betreiben von Arbeitsstätten. Zu beachten sind insbesondere folgende Regelungen:

- unverzügliche Beseitigung von Mängeln an Arbeitsstätten (vgl. § 4 Abs. 1 Arbeitsstättenverordnung),
- Einstellung der Arbeitstätigkeit, wenn diese Mängel nicht sofort beseitigt werden können (vgl. im Einzelnen § 4 Abs. 1 Arbeitsstättenverordnung),
- Einhaltung von Reinigungsvorschriften (vgl. § 4 Abs. 2 Arbeitsstättenverordnung),
- regelmäßige Wartung und Funktionsüberprüfung von Sicherheitseinrichtungen, insbesondere Sicherheitsbeleuchtungen, Feuerlöscheinrichtungen, Signalanlagen, Notaggregate und Notschalter sowie raumlufttechnische Anlagen (vgl. § 4 Abs. 3 Arbeitsstättenverordnung),
- Freihaltung von Verkehrs- und Fluchtwegen sowie Notausgängen (vgl. § 4 Abs. 4 Arbeitsstättenverordnung),
- ggf. Aufstellung von Rettungsplänen (vgl. § 4 Abs. 4 Arbeitsstättenverordnung),
- Bereitstellung und Überprüfung von Erste-Hilfe-Einrichtungen und -Räumen (vgl. §§ 4 Abs. 5, 6 Abs. 4 Arbeitsstättenverordnung),
- Einhaltung des Nichtraucherschutzes (vgl. § 5 Arbeitsstättenverordnung),
- Bereitstellung von geeigneten Sanitär-, Pausen-, Bereitschafts- und Erste-Hilfe-Räumen (vgl. § 6 Arbeitsstättenverordnung),

Zu einzelnen Vorschriften der Arbeitsstättenverordnung gibt es Arbeitsstättenrichtlinien, die genauere technische Vorgaben, Definitionen und Auslegungen enthalten.

5.5.7.7 Betriebsarzt und Fachkräfte für Arbeitssicherheit

Das Arbeitssicherheitsgesetz (ASiG) schreibt die Bestellung von Betriebsärzten und Fachkräften für Arbeitssicherheit vor (§§ 2, 3, 5 ASiG). Sie haben die Aufgabe, den Arbeitgeber beim Arbeitsschutz und der Unfallverhütung in allen Fragen der Arbeitssicherheit einschließlich der menschengerechten Gestaltung der Arbeit zu unterstützen. Die Bestellung muss schriftlich erfolgen. Die Fachkraft für Arbeitssicherheit kann unternehmensextern sein.

5.5.7.8 Sicherheitsbeauftragte

Gemäß § 22 Sozialgesetzbuch VII (SGB VII, Gesetzliche Unfallversicherung) muss der Unternehmer unter Beteiligung des Betriebsrates in der Regel Sicherheitsbeauftragte unter Berücksichtigung der für die Beschäftigten bestehenden Unfall- und Gesundheitsgefahren und der Zahl der Beschäftigten bestellen. Die Zahl der zu bestellenden Sicherheitsbeauftragten ist in den Unfallverhütungsvorschriften der Berufsgenossenschaften festgelegt (§ 15 SGB VII). Die Sicherheitsbeauftragten haben bei der Durchführung der Maßnahmen zur Verhütung von Arbeitsunfällen und Berufskrankheiten zu unterstützen, insbesondere sich von dem Vorhandensein und der ordnungsgemäßen Benutzung der vorgeschriebenen Schutzeinrichtungen und persönlichen Schutzausrüstungen zu überzeugen und auf Unfall- und Gesundheitsgefahren für die Versicherten aufmerksam zu machen. Die Sicherheitsbeauftragten dürfen wegen der Erfüllung der ihnen übertragenen Aufgaben nicht benachteiligt werden.

5.5.7.9 Unfallverhütungsvorschriften der Berufsgenossenschaften

Die von den Berufsgenossenschaften erlassenen Unfallverhütungsvorschriften (UVV) enthalten u. a. Bestimmungen über:

- Einrichtungen, Anordnungen und Maßnahmen zur Verhütung von Arbeitsunfällen, Berufskrankheiten und arbeitsbedingten Gesundheitsgefahren,
- das Verhalten der Versicherten,
- arbeitsmedizinische Untersuchungen und arbeitsmedizinische Maßnahmen,
- die Sicherstellung einer wirksamen Ersten Hilfe und
- die Zahl der Sicherheitsbeauftragten.

5.5.7.10 Ein Compliance-Verstoß im Arbeitsschutz
(Autor: Peter Duschek)

> **BEISPIEL**
>
> Die Firma A lässt ihre Tanks, in denen Produkte auf Wasserbasis gelagert werden, regelmäßig von der externen Fachfirma B reinigen. Mit dieser Fachfirma besteht eine langjährige Zusammenarbeit. Die Firma hat ein eigenes lösemittelfreies Reinigungsmittel entwickelt und zum Einsatz vorgeschlagen.
>
> Eine eigene Gefährdungsbeurteilung für die Tankreinigung nach Betriebssicherheitsverordnung ist von der Firma A nicht erstellt worden. Außerdem findet diesmal keine gesonderte Einweisung der Fremdfirmenmitarbeiter statt, obwohl Firma A über ein Arbeitserlaubnissystem verfügt. Nach der Arbeitseinteilung verteilt sich das Reinigungspersonal der Firma B auf die unterschiedlichen Tanks.
>
> Ein Mitarbeiter von Firma B hat in seinem Arbeitsbereich Schwierigkeiten mit besonders hartnäckigen Verschmutzungen; er steigt aus dem Tank und bittet einen Angestellten der Firma A, den er in der Halle zufällig antrifft, ihm ein „schärferes" (lösemittelhaltiges) Reinigungsmittel zur Verfügung zu stellen. Dieser Bitte kommt der Beschäftigte mit dem ausdrücklichen Hinweis nach, dass der Eimer nicht in den Tank mitgenommen werden dürfe. Wenig später kommt es zu einer Verpuffung im Tank, bei der der Mitarbeiter der Reinigungsfirma erhebliche Verbrennungen erleidet.
>
> Die zuständige Behörde für den Arbeitsschutz und die Staatsanwaltschaft ermitteln gegen die Geschäftsführung und leitende Mitarbeiter der Firma A sowie gegen den Beschäftigten, der das lösemittelhaltige Reinigungsmittel zur Verfügung gestellt hat, im Hinblick auf eine fahrlässige Körperverletzung und Nichteinhaltung von Arbeitsschutzvorschriften. In diesem Rahmen wird der Firma A insbesondere vorgeworfen, keine Gefährdungsbeurteilung nach Betriebssicherheitsverordnung für diese Tankreinigungsarbeiten erstellt zu haben.

Bewertet man diesen Fall, ergeben sich folgende Verantwortungen und Konsequenzen:

Nr.	Funktion	Straftat / Verstoß		
		§ 226 (Schwere Körperverletzung)	§ 229 (Fahrlässige Körperverletzung)	Verletzung von Aufsichts- und Kontrollpflichten
1	Geschäftsführer Firma A	Nein	Nein	Ja
2	Werkleiter Firma A	Nein	Nein	Ja
3	Angestellter Firma A	Nein	Ja	Nein
4	Fachkraft für Arbeitssicherheit Firma A	Nein	Nein	Ja
5	Mitarbeiter Firma B	Nein	Nein	Nein

- **Geschäftsführer (GF) Firma A:** Da es einen geregelten Prozess für das Fremdfirmenmanagement gibt, in dem sowohl die Auswahl von Fremdfirmen als auch deren Unterweisung vor Arbeitsaufnahme geregelt ist, ist der GF der Firma A seiner Organisationspflicht nachgekommen. Die fehlende Gefährdungsbeurteilung wird ihm nicht vorgeworfen, da in der Prozessbeschreibung eindeutig festgehalten ist, dass für Fremdfirmentätigkeiten Gefährdungsbeurteilungen von den Fremdfirmen erstellt werden, die nur stichprobenartig kontrollieren werden (obwohl hier eine flächendeckende Kontrolle der „fremden" Gefährdungsbeurteilungen oder eine gemeinsame Gefährdungsbeurteilung zusammen mit der Fremdfirma sicherlich zu empfehlen wäre). In diesem Fall wird seitens der untersuchenden Behörden aber eingeräumt, dass auch in einer selbsterstellten Gefährdungsbeurteilung das Problem weder festgestellt noch hätte verhindert werden können. Die fehlende Unterweisung wird aber als grober Verstoß gegen die Kontrollpflicht bewertet. Das Fremdfirmenmanagement wurde mangelhaft umgesetzt. Dies hätte auffallen müssen.
- **Werkleiter Firma A:** Er machte zwar einen Rundgang durch die Halle. Hierbei hätte er allerdings nicht erkennen können, dass ein Eimer mit Lösemitteln ausgehändigt worden ist. Trotzdem kam er seinen Kontrollpflichten nicht nach, denn es wurde keine Unterweisung durchgeführt. Dies stellt ein erhebliches Versäumnis dar. Eine Kausalität zum Unfall besteht jedoch nicht. Im Rahmen einer Unterweisung hätte es womöglich gar keinen gesonderten Hinweis dazu gegeben, dass keine Lösemittel im Tank verwendet werden dürfen, da die Fremdfirma ja ihr eigenes lösemittelfreies Reinigungsmittel verwendet.
- **Mitarbeiter Firma A:** Dem Mitarbeiter, der das Lösemittel ausgehändigt hat, ist Fahrlässigkeit vorzuwerfen, die ursächlich für den schweren Unfall gewesen ist. Er hat gegen die Regeln zum Fremdfirmenmanagement gehandelt. Obwohl

die Fremdfirma B bei Firma A bekannt ist, hätte Material der Firma A niemals an einen Fremdfirmenmitarbeiter ausgehändigt werden dürfen.
- **Fachkraft für Arbeitssicherheit (FaSi) Firma A:** Der FaSi kann vorgeworfen werden, dass sie durch engere Kontrollen hätte feststellen können, dass die Unterweisungen nicht oder nicht immer vorgenommen wurden.
- **Mitarbeiter Fremdfirma B:** Aufgrund der Schwere der Verletzung konnte er erst über sechs Monate nach dem Unfall befragt werden, wobei er sich an nichts erinnern konnte. Er hatte aber ganz offensichtlich gegen interne Anweisungen und Schulungsinhalte verstoßen, indem er Lösemittel im Tank verwendet hat. Da es aber kein Gesetz gegen Selbstverletzung gibt, wurde er nicht weiter belangt. Inwieweit er zivilrechtlich gegenüber seinem Arbeitgeber oder auch der Berufsgenossenschaft hinsichtlich der REHA-Kosten belangt werden kann, soll hier nicht betrachtet werden.

Das Beispiel zeigt:

- Kontrolle, Nachfragen und Bewerten sind immer und ständig notwendig. Nur so lassen sich Abweichungen und auch Optimierungsmöglichkeiten feststellen.
- Die Mitarbeiter müssen ihre Gewohnheiten überdenken und je nach Situation ändern. Bekannte oder scheinbar vertraute Mechanismen können ein Compliance-Risiko darstellen, wenn sie nicht regelmäßig angepasst werden.

5.5.8 Arbeitszeitgesetz

Das Arbeitszeitgesetz (AZG) enthält zwingende Vorschriften zum Schutz der Sicherheit und Gesundheit der Arbeitnehmer, wie z. B. zu:

- täglichen Höchstarbeitszeiten,
- der Einhaltung von Ruhepausen und Mindestruhezeiten,
- Sonn- und Feiertagsarbeitsverboten und
- Zuschlägen oder Zeitausgleich für Nachtarbeit.

Abweichungen können sich aus dem geltenden Tarifvertrag, einer Betriebsvereinbarung, aus Rechtsverordnung oder einer ausdrücklichen Bewilligung der Aufsichtsbehörde ergeben (§§ 7, 8, 15 AZG).

§ 16 Abs. 1 AZG verpflichtet den Arbeitgeber zur Auslegung bzw. zum Aushang der geltenden Bestimmungen (Arbeitszeitgesetz, ggf. Ladenschlussgesetz, geltende Verordnungen, Tarifverträge und/oder Betriebsvereinbarungen) an geeigneter Stelle in den Betrieben.

Verstöße gegen das AZG können als Ordnungswidrigkeit bzw. Straftat geahndet werden (§§ 22, 23 AZG). Neben dem AZG enthält auch das Ladenschlussgesetz (LadSchlG) in diesem Zusammenhang zu beachtende Regelungen.

5.5.9 Mutterschutzgesetz und -verordnung

Die Bestimmungen des Mutterschutzgesetzes (MuSchG) und der Mutterschutzverordnung (MuSchGV) bezwecken den Schutz der Gesundheit von Mutter und Kind während der Schwangerschaft und für eine Zeit nach Entbindung. Dafür gelten bestimmte Beschäftigungsverbote vor und nach der Entbindung. Daneben sind Stillzeiten und Gesundheitsuntersuchungen zu ermöglichen. Verstöße gegen diese Vorschriften sind als Ordnungswidrigkeiten bzw. Straftaten sanktioniert.

In Betrieben, in denen regelmäßig mehr als drei Frauen beschäftigt werden, ist ein Abdruck des Mutterschutzgesetzes an geeigneter Stelle zur Einsicht auszulegen oder auszuhängen (vgl. § 18 Abs. 1 MuSchG).

5.5.10 Jugendarbeitsschutzgesetz

Das Jugendarbeitsschutzgesetz (JArbSchG) regelt die Pflichten im Zusammenhang mit der Beschäftigung von Kindern (unter 15 Jahre) und Jugendlichen (ab 15 und unter 18 Jahre), u. a.:

- Beschäftigungsverbote und -beschränkungen für Personen, die noch nicht 18 Jahre alt sind,
- ärztliche Untersuchungspflicht (und Aufbewahrungspflichten bezüglich der ärztlichen Bescheinigung),
- Höchstarbeitszeiten,
- Ruhepausen,
- Mindestfreizeiten,
- Mindesturlaub,
- Nacht-, Samstags-, Sonntags- und Feiertagsarbeit,
- Freistellung für den Schulunterricht,
- Einweisungspflichten hinsichtlich Unfall- und Gesundheitsgefahren,
- Züchtigungsverbot,
- Pflicht zum Aushang des JArbSchG und eventueller Ausnahmegenehmigungen und
- Führung eines Verzeichnisses der beschäftigten Jugendlichen.

Diese Vorschriften gelten auch im Hinblick auf Auszubildende, Praktikanten und Volontäre.

5.5.11 Berufsbildungsgesetz

Das Berufsbildungsgesetz (BBiG) regelt, wann ein Unternehmen zur Einstellung und Ausbildung von Auszubildenden berechtigt ist, und enthält eine Reihe von Pflichten für den Arbeitgeber, u. a.:

- die Pflicht zur schriftlichen Niederlegung des Ausbildungsvertrages (§§ 11 Abs. 1, 10 BBiG),
- Freistellung für Berufsschulunterricht, Prüfungen und weitere Ausbildungsmaßnahmen (§ 15 BBiG),
- Antrag auf Eintragung in das Berufsausbildungsverzeichnis (§ 36 BBiG).

Daneben ist das Unternehmen zur umfassenden Mitwirkung gegenüber der zuständigen Stelle verpflichtet — z. B. zur Erteilung von Auskünften, Vorlage von Unterlagen, Ermöglichung der Besichtigung der Ausbildungsstätte (vgl. § 76 Abs. 2 BBiG).

§ 14 Abs. 2 BBiG bestimmt, dass Auszubildenden nur Aufgaben übertragen werden dürfen, die dem Ausbildungszweck dienen und ihren körperlichen Kräften angemessen sind.

5.5.12 Ausschluss von Schwarzarbeit

Schwarzarbeit liegt vor, wenn die für eine Beschäftigung anfallende Lohnsteuer oder Sozialversicherungsabgaben nicht abgeführt werden. Für das Unternehmen kann Schwarzarbeit erhebliche Folgen haben: Zum einen haften der Arbeitgeber und die Mitglieder der Geschäftsführung persönlich für die Abführung des Gesamtsozialversicherungsbeitrages und der Lohnsteuer. Zum anderen drohen Geldbußen wegen einer Ordnungswidrigkeit gem. § 8 Schwarzarbeitsbekämpfungsgesetz (SchwarzArbG). Die unterbliebene Abführung der geschuldeten Sozialversicherungsbeiträge ist ein Straftatbestand nach § 266a StGB (Vorenthalten und Veruntreuen von Arbeitsentgelt). Schwarzarbeit, bei der Ausländer zu Arbeitsbedingungen beschäftigt werden, die in einem auffälligen Missverhältnis zu den Arbeitsbedingungen deutscher Arbeitnehmer stehen, die die gleiche oder eine vergleichbare Tätigkeit ausüben, stellt ebenfalls einen Straftatbestand dar (vgl. § 10

SchwarzArbG). Das Unternehmen kann ferner von öffentlichen Aufträgen ausgeschlossen werden.

Zur Ermittlung in Sachen illegaler Schwarzarbeit können Durchsuchungen angeordnet werden. Dabei werden häufig große Mengen von Geschäftsunterlagen in Papierform und elektronischen Daten sichergestellt oder beschlagnahmt, insbesondere Kundenaufträge oder -verträge, Rechnungen, Bankbelege, Buchführungsunterlagen, Terminkalender, Schriftverkehr, Quittungen etc. Die Feststellung von Schwarzarbeit kann zu einem Eintrag im Gewerbezentralregister führen; erfasst werden z. B. Verwaltungsentscheidungen, Bußgeldverfahren sowie strafrechtlich Verurteilungen, wenn sie im Zusammenhang mit der Gewerbeausübung stehen.

5.5.13 Beschäftigung von Ausländern

Die Beschäftigung von Nicht-EU-Ausländern unterliegt grundsätzlich einer Genehmigungspflicht (Ausnahmen bzw. Sonderregelungen gelten für einige Herkunftsländer). Die Beschäftigung von Ausländern, die nicht über die erforderlichen Aufenthalts- und Arbeitsgenehmigungen verfügen, ist illegal und kann mit Bußgeldern und Strafen belegt werden. Arbeitgeber können unter Umständen darüber hinaus gem. § 66 Abs. 4 Aufenthaltsgesetz (AufenthG) zur Zahlung der Abschiebekosten herangezogen werden.

Wer Beihilfe leistet oder einen Ausländer zur illegalen Beschäftigung anstiftet, macht sich ebenfalls strafbar. Unternehmensinterne Prozessdefinitionen müssen daher sicherstellen, dass bei der Beschäftigung von Ausländern das Vorliegen der erforderlichen Aufenthalts- und Arbeitsgenehmigungen standardmäßig vorab geprüft wird. Hierfür sollten klare Zuständigkeitsregelungen (z. B. innerhalb der Personalabteilung) bestehen.

Die Einschaltung von Subunternehmern oder Outsourcing-Partnern, die Ausländer ohne erforderliche Arbeitsgenehmigung oder Aufenthaltstitel, also illegal, beschäftigen, ist eine Ordnungswidrigkeit, wenn dies bekannt war oder hätte bekannt sein müssen. Klare interne Organisationsregelungen müssen daher sicherstellen, dass ein solcher Verstoß bei der Vergabe von Werk- oder Dienstleistungen verhindert wird. Es empfehlen sich hierzu ausdrückliche Vertragsklauseln in den Verträgen mit den Subunternehmern und Outsourcing-Partnern, die mit Vertragsstrafen sanktioniert sind. Es sollte vorab eine gesonderte Zusicherung des Subunternehmers oder Outsourcing-Partners eingeholt und in Zweifelsfällen ggf. eine eigene Überprüfung durchgeführt werden.

5.5.14 Gendiagnostikgesetz

Das Gendiagnostikgesetz (GenDG) regelt die die Voraussetzungen für genetische Untersuchungen und Analysen sowie die Verwendung genetischer Proben und Daten. Es soll eine Benachteiligung auf Grund genetischer Eigenschaften verhindern. Als Grundsatz gilt das Prinzip der informationellen Selbstbestimmung jedes Einzelnen. Nach § 20 GenDG darf im Rahmen arbeitsmedizinischer Vorsorgeuntersuchungen weder eine genetische Untersuchung oder Analyse vorgenommen werden, noch darf verlangt werden, dass die Ergebnisse bereits vorgenommener genetischer Untersuchungen oder Analysen mitgeteilt werden. Solche Ergebnisse dürfen auch nicht entgegengenommen oder verwendet werden.

Ausnahmen gelten in engen Grenzen, etwa soweit sie zur Feststellung genetischer Eigenschaften erforderlich sind, die für schwerwiegende Erkrankungen oder schwerwiegende gesundheitliche Störungen, die bei einer Beschäftigung an einem bestimmten Arbeitsplatz oder mit einer bestimmten Tätigkeit entstehen können, ursächlich oder mitursächlich sind (vgl. § 20 Abs. 2, 3 GenDG).

Genetische Untersuchungen dürfen nur durch Ärzte durchgeführt und nur mit Einwilligung des Betroffenen vorgenommen werden. Die Vorschriften über die Aufklärung des Betroffenen und die genetische Beratung sind einzuhalten. Die Ergebnisse dürfen nur der betroffenen Person mitgeteilt werden; diese hat aber auch das Recht, das Ergebnis nicht zu erfahren.

Der Arbeitgeber darf Beschäftigte bei einer Vereinbarung oder Maßnahme, insbesondere bei der Begründung des Beschäftigungsverhältnisses, beim beruflichen Aufstieg, bei einer Weisung oder der Beendigung des Beschäftigungsverhältnisses nicht wegen genetischer Eigenschaften benachteiligen (siehe auch § 21 GenDG). Dies gilt auch, wenn sich Beschäftigte weigern, genetische Untersuchungen oder Analysen bei sich vornehmen zu lassen oder die Ergebnisse bereits vorgenommener genetischer Untersuchungen oder Analysen zu offenbaren (§ 21 GenDG).

Versicherungsunternehmen müssen gem. § 18 GenDG zusätzlich beachten, dass der Versicherer von seinen Versicherten weder vor noch nach Abschluss des Versicherungsvertrages die Vornahme genetischer Untersuchungen oder Analysen oder die Mitteilung von Ergebnissen oder Daten aus bereits vorgenommenen genetischen Untersuchungen oder Analysen verlangen darf. Er darf solche Ergebnisse oder Daten weder entgegennehmen noch verwenden (eine Ausnahme gilt für Lebensversicherungen, die Berufsunfähigkeits- und Erwerbsunfähigkeitsversicherungen sowie die Pflegerentenversicherung, wenn eine Leistung von mehr als 300.000 EUR oder mehr als 30.000 EUR Jahresrente vereinbart werden, hinsichtlich der Ergebnisse bereits vorliegender Tests).

5.5.15 Beschäftigung von Schwerbehinderten

Besondere rechtliche Vorgaben gelten hinsichtlich der Beschäftigung von Schwerbehinderten (siehe hierzu auch die Definition in § 2 Abs. 1 und 2 SGB IX).

5.5.15.1 Beschäftigungspflicht für Schwerbehinderte

§ 71 Abs. 1 SGB IX regelt ab einer Mindestzahl von 20 Arbeitnehmern die Pflicht zur Beschäftigung von Schwerbehinderten. Solange nicht die vorgeschriebene Zahl schwerbehinderter Menschen beschäftigt wird, ist eine Ausgleichsabgabe zu zahlen (§ 77 SGB IX).

5.5.15.2 Besetzung freier Arbeitsplätze mit Schwerbehinderten

§ 81 SGB IX verpflichtet Arbeitgeber zu prüfen, ob freie Arbeitsplätze mit schwerbehinderten Menschen, insbesondere mit bei der Agentur für Arbeit als arbeitslos oder arbeitsuchend gemeldeten schwerbehinderten Menschen besetzt werden können. Daneben bestehen Pflichten zur frühzeitigen Aufnahme einer Verbindung mit der Agentur für Arbeit und zur Einbeziehung der Schwerbehindertenvertretung (§ 81 SGB IX).

Die Behinderung darf kein Ablehnungsgrund sein, es sei denn, dass die Behinderung mit den Anforderungen der ausgeschriebenen Stelle unvereinbar ist.

Bei Verletzung der Prüfpflicht muss ein Arbeitgeber befürchten, von abgelehnten schwerbehinderten Bewerbern wegen Diskriminierung auf Entschädigung verklagt zu werden (vgl. § 15 Abs. 2 AGG); die Verletzung der Prüfpflicht ist ein Indiz für eine Diskriminierung.

5.5.15.3 Schwerbehindertenvertretung

Die Vertretungen der Schwerbehinderten (Schwerbehindertenvertretung, Gesamt-, Konzern-Schwerbehindertenvertretung) haben gesetzliche Mitwirkungsrechte, die vom Arbeitgeber zu beachten sind. Sie müssen z. B. in allen Angelegenheiten, die einen einzelnen Schwerbehinderten oder die schwerbehinderten Menschen als Gruppe berühren, umfassend unterrichtet und vor einer Entscheidung angehört werden. Die getroffene Entscheidung ist ihnen unverzüglich mitzuteilen (§ 95 Abs. 2 SGB IX). Der Arbeitgeber muss die Schwerbehindertenvertretung und den Betriebsrat über vorliegende Bewerbungen schwerbehinderter Menschen oder Vermittlungsvorschläge seitens der Agentur für Arbeit o. Ä. unmittelbar nach deren Eingang unterrichten.

Die Schwerbehindertenvertretung ist bei Bewerbungen allerdings nicht zu beteiligen, wenn der schwerbehinderte Mensch ihre Beteiligung ausdrücklich ablehnt (§ 81 Abs. 1 SGB IX).

5.5.15.4 Besondere Belange von Behinderten

Werden Menschen mit Behinderungen beschäftigt, müssen Arbeitsstätten so eingerichtet und betrieben werden, dass die besonderen Belange dieser Beschäftigten im Hinblick auf Sicherheit und Gesundheitsschutz berücksichtigt werden. Dies gilt insbesondere für die barrierefreie Gestaltung von Arbeitsplätzen sowie von zugehörigen Türen, Verkehrswegen, Fluchtwegen, Notausgängen, Treppen, Orientierungssystemen, Waschgelegenheiten und Toilettenräumen (§ 3a Abs. 2 Arbeitsstättenverordnung).

5.5.15.5 Keine Benachteiligung von schwerbehinderten Beschäftigten

§ 81 Abs. 2 SGB IX in Verbindung mit dem Allgemeinen Gleichbehandlungsgesetz verbietet dem Arbeitgeber eine Benachteiligung von schwerbehinderten Beschäftigten wegen ihrer Behinderung.

5.5.15.6 Verzeichnis der Schwerbehinderten

Der Arbeitgeber ist verpflichtet, laufend und gesondert für jeden Betrieb und jede Dienststelle ein Verzeichnis der bei ihm beschäftigten Schwerbehinderten, ihnen gleichgestellten behinderten Menschen und sonstigen anrechnungsfähigen Personen zu führen. Auf Verlangen ist es den zuständigen Mitarbeitern der Bundesagentur für Arbeit und des Integrationsamtes vorzulegen (§ 80 Abs. 1 SGB IX).

5.5.15.7 Umfang der Beschäftigungspflicht bzw. der Ausgleichsabgabe

Arbeitgeber müssen der zuständigen Arbeitsagentur einmal jährlich bis spätestens zum 31. März für das vorangegangene Kalenderjahr Informationen aushändigen, die zur Berechnung des Umfangs der Beschäftigungspflicht, zur Überwachung ihrer Erfüllung und der Ausgleichsabgabe notwendig sind. Das Schwerbehindertenverzeichnis gem. § 80 Abs. 1 SGB IX ist beizufügen; dem Betriebsrat und der Schwerbehindertenvertretung ist je eine Kopie der Anzeige und des Verzeichnisses zu übermitteln (§ 80 Abs. 2 SGB IX).

5.5.16 Sozialversicherungsbeiträge, Lohnsteuer

5.5.16.1 Abführung von Sozialversicherungsbeiträgen

Der Arbeitgeber ist zur Abführung des Gesamtsozialversicherungsbeitrages verpflichtet (§§ 28d, 28e SGB IV). Dieser ist an die Krankenkasse als Einzugsstelle zu überweisen (siehe § 28h SGB IV).

Das Unternehmen haftet für die Abführung des Gesamtbetrages. Gegenüber der Einzugsstelle ist auch die Geschäftsführung gem. § 823 Abs. 2 BGB i. V. m. § 266a StGB persönlich haftbar.

Dies gilt auch, wenn eine Person zwar nominell als Selbstständiger eingesetzt, den Umständen nach aber tatsächlich wie ein Arbeitnehmer beschäftigt ist. Ob eine Person als Scheinselbstständiger anzusehen ist, richtet sich — zusammengefasst — danach, ob sie in einem abhängigen Verhältnis beschäftigt wird, das heißt insbesondere dem Weisungsrecht des Arbeitgebers unterliegt und in den Betrieb des Arbeitgebers eingegliedert ist, insbesondere in Bezug auf Zeit, Dauer, Ort der Arbeit.

Die Abgrenzung zu einer selbstständigen Tätigkeit bestimmt sich nach den Gesamtumständen. Für eine selbstständige Tätigkeit sprechen das Vorhandensein einer eigenen Betriebsstätte, Verfügungsmöglichkeiten über die eigene Arbeitskraft, eigenes Unternehmerrisiko und die Möglichkeit, frei über Arbeitszeit und -ort zu verfügen. Es ist möglich, bei der Deutschen Rentenversicherung Bund (DRV Bund) in Berlin zu beantragen, den Status feststellen zu lassen (§ 7 a SGB IV).

Im Rahmen von Betriebsprüfungen prüfen Sozialversicherungsträger, ob und in welchem Umfang eine Versicherungspflicht in der Kranken-, Pflege-, Renten- und Arbeitslosenversicherung besteht oder ob Ausnahmetatbestände vorliegen (§ 28p SGB IV). Die Hauptzollämter können hinsichtlich der Beschäftigung von Scheinselbstständigen unangemeldete Durchsuchungen durchführen, um etwa rechtwidrige „Scheinwerkverträge" aufzudecken.

Werden Scheinselbstständige beschäftigt, können Nachzahlungen der Sozialversicherungsbeiträge und Lohnsteuerabführungen verlangt werden. Auf den Beschäftigten finden ferner alle Arbeitnehmerschutzvorschriften Anwendung (z. B. zum Kündigungsschutz, Urlaub etc.). Die fehlende oder nicht rechtzeitige Abführung von Sozialversicherungsbeiträgen stellt einen Straftatbestand dar (§ 266a StGB).

5.5.16.2 Meldepflichten gegenüber der Krankenkasse

Zu Beginn, zum Ende und bei Änderungen einer versicherungspflichtigen Beschäftigung sind Meldepflichten gegenüber der Krankenkasse einzuhalten (§§ 28a, 28h SGB IV).

5.5.16.3 Einbehaltung und Abführung der Lohnsteuer

Der Arbeitgeber haftet für die korrekte Einbehaltung und Abführung der fälligen Lohnsteuer seiner Arbeitnehmer (vgl. § 42d EStG). Nach Ablauf des Lohnsteueranmeldezeitraums muss der Arbeitgeber die Lohnsteuer beim zuständigen Betriebsstättenfinanzamt abführen und eine Lohnsteueranmeldung vornehmen (§ 41a EStG).

5.5.16.4 Berücksichtigung von Sachbezügen

Sofern keine Ausnahmen eingreifen, sind Sachbezüge (z. B. Mitarbeiterrabatte, die Privatnutzung eines Dienstwagens etc.) bei der Ermittlung der Sozialversicherungsbeiträge und der Lohnsteuer mit zu berücksichtigen (§§ 8 Abs. 1 EStG, 14 SGB IV).

5.5.16.5 Führung und Aufbewahrung von Entgeltunterlagen

Für jeden Beschäftigten sind Entgeltunterlagen in deutscher Sprache zu führen, die bis zum Ablauf des auf die letzte Prüfung folgenden Kalenderjahres aufbewahrt werden müssen (§ 28f Abs. 1 SGB IV).

5.5.17 Arbeitnehmerüberlassung

5.5.17.1 Erlaubnis

Die Überlassung von Arbeitnehmern (Leiharbeitnehmern) zur Arbeitsleistung an Dritte (Entleiher) im Rahmen einer wirtschaftlichen Tätigkeit ist erlaubnispflichtig (§ 1 AÜG). Fehlt eine wirksame Erlaubnis des Verleihbetriebs hierfür, so sind die Leiharbeitsverhältnisse unwirksam (§ 9 Nr. 1 AÜG). In diesem Fall gilt ein Arbeitsverhältnis zwischen dem Entleiher und dem Leiharbeitnehmer als begründet (§ 10 Abs. 1 AÜG). Der Entleiher ist dann verpflichtet, wie bei seinen anderen Angestellten Lohnsteuer und Sozialversicherungsabgaben abzuführen, für die er auch haftet. Ferner stellt das vorsätzliche oder fahrlässige Entleihen von Arbeitnehmern ohne Vorliegen der erforderlichen Erlaubnis eine Ordnungswidrigkeit dar (§ 16 Abs. 1 Nr. 1a AÜG).

Daher empfehlen sich eingehende Prüfungen, ob Partner, mit denen das eigene Unternehmen für die Beschäftigung von Leiharbeitnehmern zusammenarbeitet, während des gesamten Zeitraums der Zusammenarbeit über die erforderliche Erlaubnis nach dem AÜG verfügen. Diese Erlaubnis kann mit Auflagen verbunden sein. Der Entleiher sollte sich daher die Erlaubnis des Verleihers vorlegen lassen und auch darauf achten, dass evt. bestehende Auflagen erfüllt sind.

Unzulässige Arbeitnehmerüberlassung kann zu einem Eintrag im Gewerbezentralregister führen; erfasst werden dort z. B. Verwaltungsentscheidungen, Bußgeldverfahren sowie strafrechtliche Verurteilungen, wenn sie im Zusammenhang mit der Gewerbeausübung stehen.

5.5.17.2 Eingliederung von Mitarbeitern in Betriebe eines Dritten

Werden Mitarbeiter des eigenen Unternehmens in den Betrieb eines Dritten eingegliedert und dessen Weisungen unterworfen, kann ein Fall der nach dem AÜG erlaubnispflichtigen Arbeitnehmerüberlassung vorliegen, wenn diese „gewerbsmäßig" erfolgt, d. h. auf eine gewisse Dauer angelegt und auf die Erzielung wirtschaftlicher Vorteile gerichtet ist.

> **BEISPIEL**
>
> Arbeitnehmerüberlassung kann etwa vorliegen, wenn Mitarbeiter im Rahmen des Kundenservices, des Vertriebs, eines Joint Ventures oder bei einer Kooperation über einen längeren Zeitraum hinweg im Betrieb eines Dritten (z. B. des Kunden, des Kooperationspartners o. Ä..) eingesetzt werden.

In solchen Fällen ist genau zu prüfen, ob Regelungen des AÜG eingreifen und ob ggf. ein Ausnahmetatbestand hierzu vorliegt.

5.5.17.3 Information von Leiharbeitnehmern über freie Arbeitsplätze

Gemäß § 13a AÜG muss der Entleiher Leiharbeitnehmer über Arbeitsplätze, die besetzt werden sollen, informieren. Die Information kann durch allgemeine Bekanntgabe an geeigneter, dem Leiharbeitnehmer zugänglicher Stelle im Betrieb und Unternehmen des Entleihers erfolgen.

5.5.18 Mitbestimmungsrechte der Arbeitnehmervertretungen

5.5.18.1 Betriebsverfassungsgesetz und Sprecherausschussgesetz

Das Betriebsverfassungsgesetz (BetrVG) und das Sprecherausschussgesetz (SprAuG) enthalten ein System abgestufter Mitwirkungsrechte der Arbeitnehmervertreter. Die Rechte reichen von Informationspflichten bis hin zu echten Mitbestimmungsrechten.

Die Missachtung von Mitwirkungsrechten der Arbeitnehmervertreter kann erhebliche Folgen haben, z. B.:

- Unzulässigkeit einer Einzelmaßnahme wie etwa einer Kündigung (siehe § 102 Abs. 1 BetrVG),
- Unterlassungspflichten,
- Bußgelder (siehe § 121 BetrVG),
- Strafen (§ 119 BetrVG) und
- Ordnungs-/Zwangsgelder (siehe §§ 23 Abs. 3, 101 BetrVG).

5.5.18.2 Mitwirkungsrechte des Europäischen Betriebsrates

Besteht ein Europäischer Betriebsrat, so ist dessen jährliche Unterrichtungs- und Anhörungspflicht zu beachten. Danach hat die Unternehmensleitung den Europäischen Betriebsrat einmal im Kalenderjahr über die Entwicklung der Geschäftslage und die Perspektiven des gemeinschaftsweit tätigen Unternehmens oder der gemeinschaftsweit tätigen Unternehmensgruppe unter rechtzeitiger Vorlage der erforderlichen Unterlagen zu unterrichten und ihn anzuhören (siehe § 29 Europäische Betriebsräte-Gesetz, EBRG). Dazu zählen insbesondere die folgenden Themen:

- Struktur des Unternehmens oder der Unternehmensgruppe sowie die wirtschaftliche und finanzielle Lage,
- die voraussichtliche Entwicklung der Geschäfts-, Produktions- und Absatzlage,
- die Beschäftigungslage und ihre voraussichtliche Entwicklung,
- Investitionen (Investitionsprogramme),
- grundlegende Änderungen der Organisation,
- die Einführung neuer Arbeits- und Fertigungsverfahren,
- die Verlegung von Unternehmen, Betrieben oder wesentlichen Betriebsteilen sowie Verlagerungen der Produktion,
- Zusammenschlüsse oder Spaltungen von Unternehmen oder Betrieben,
- die Einschränkung oder Stilllegung von Unternehmen, Betrieben oder wesentlichen Betriebsteilen und
- Massenentlassungen.

Die Europäischen Betriebsräte müssen so frühzeitig und umfassend informiert werden, dass sie ein Vorhaben eingehend bewerten und eine Stellungnahme dazu abgeben können. In der Praxis kam es in der Vergangenheit häufiger dazu, dass die Rechte eines Europäischen Betriebsrates, beispielsweise die Unterrichtungsrechte bei Restrukturierungsmaßnahmen, nicht eingehalten wurden. Neben möglichen Bußgeldern (§ 45 EBRG) droht in solchen Fällen, dass Restrukturierungspläne verschoben werden müssen — beispielsweise aufgrund einer einstweiligen gerichtlichen Anordnung zur Unterlassung, die vom Europäischen Betriebsrat beantragt wurde.

Die Pflicht zur Unterrichtung bzw. Anhörung und Vorlage von erforderlichen Unterlagen gilt gem. § 30 EBRG auch bei außergewöhnlichen Umständen, die erhebliche Auswirkungen auf die Interessen der Arbeitnehmer haben, insbesondere bei:

- der Verlegung von Unternehmen, Betrieben oder wesentlichen Betriebsteilen,
- der Stilllegung von Unternehmen, Betrieben oder wesentlichen Betriebsteilen oder
- Massenentlassungen.

5.5.18.3 Umgang mit Mitgliedern der Arbeitnehmervertretungen

§ 78 BetrVG schreibt vor, dass Mitglieder des Betriebsrats, des Gesamtbetriebsrats, des Konzernbetriebsrats, der Jugend- und Auszubildendenvertretung, der Gesamt-Jugend- und Auszubildendenvertretung, der Konzern-, Jugend- und Auszubildendenvertretung, des Wirtschaftsausschusses etc. in der Ausübung ihrer Tätigkeit nicht gestört oder behindert werden dürfen. Sie dürfen wegen ihrer Tätigkeit weder benachteiligt noch begünstigt werden; dies gilt auch für ihre berufliche Entwicklung. Bei Nichteinhaltung dieser Bestimmung drohen Strafen (§ 119 BetrVG).

> **BEISPIEL**
>
> So wäre eine besondere „Betriebsratsvergütung" rechtswidrig; sie ist von den Gerichten zum einen als Untreue und zum anderen auch als Verstoß gegen § 119 Abs. 1 Nr. 3 BetrVG angesehen worden.

Gleiche Grundsätze gelten für Sprecherausschüsse der leitenden Angestellten nach dem Sprecherausschussgesetz (siehe § 34 SprAuG) und für den Europäischen Betriebsrat (vgl. §§ 42, 44 EBRG).

5.5.18.4 Einbeziehung der Arbeitnehmervertretungen bei Compliance-Maßnahmen

Compliance-Maßnahmen können — abhängig von der nationalen Rechtsordnung — Mitbestimmungsrechten der zuständigen Arbeitnehmervertretungen unterliegen (vgl. z. B. § 87 Abs. 1 Nr. 1 BetrVG).

> **BEISPIEL**
>
> Dies gilt etwa für die Einführung einer „Whistleblowing"-Hotline oder für die Überwachung der Mitarbeiter per Videokameras oder mittels GPS-Systemen.

Wichtig ist daher, dass vor der Einführung von Compliance-Maßnahmen analysiert wird, ob bzw. welche Mitbestimmungsrechte eingreifen.

5.5.19 Arbeitsrechtliche Mindeststandards und -Sozialstandards im Ausland

Die Verantwortung der Unternehmensleitung bezieht sich nicht nur auf das eigene Unternehmen, sondern gilt konzernweit. Eine wesentliche Aufgabe der konzernweiten Compliance-Arbeit ist es daher sicherzustellen, dass auch bei den ausländischen Tochtergesellschaften arbeitsrechtliche Mindeststandards und Mindest-Sozialstandards eingehalten werden („Social Compliance").

> **BEISPIEL**
>
> Die Diskriminierung einzelner Arbeitnehmergruppen (beispielsweise Frauen) muss ausgeschlossen sein, ebenso unzulässige Kinderarbeit — auch bei Geschäftspartnern. Ferner muss ein Mindeststandard an Arbeitsschutzmaßnahmen — auch bei Geschäftspartnern — gewährleistet sein.

Die Einhaltung dieser Standards muss überwacht werden. Unternehmen, die mit „weltweit fairen Arbeitsbedingungen" o. Ä. werben, können von Verbraucherschutzverbänden verklagt werden, wenn solche Aussagen sich als nicht zutreffend erweisen.

Viele Unternehmen entscheiden sich darüber hinaus, nur mit Lieferanten und Dienstleistern zusammenzuarbeiten, die faire Beschäftigungsverhältnisse anbieten und Mindestarbeits- und Sozialstandards einhalten. In den Liefer- und Leistungsbeziehungen wird dabei häufig ausdrücklich das Recht zur Durchführung entsprechender Audits und zu (unangekündigten) Inspektionen vorbehalten, etwa auch durch externe Organisationen.

5.6 Bekämpfung von Geldwäsche und Terrorismusfinanzierung

Unter Geldwäsche versteht man

- das Einschleusen illegaler Erlöse in den legalen Wirtschafts- oder Finanzkreislauf (sog. Placement),
- das Verschleiern von deren Herkunft (sog. Layering) und
- deren Nutzung im regulären Geschäftsverkehr (sog. Integration).

Geldwäsche ist ein ernstzunehmendes Feld der organisierten Kriminalität. Die Einhaltung der Vorschriften zur Geldwäschebekämpfung ist wesentliche Compliance-Aufgabe in Unternehmen.

Die im Jahr 1989 gegründete, bei der OECD angesiedelte Financial Action Task Force on Money Laundering (FATF) ist das wichtigste internationale Gremium zur Bekämpfung der Geldwäsche und der Terrorismusfinanzierung. Die FATF hat Empfehlungen zur Bekämpfung der Geldwäsche und Terrorismusfinanzierung herausgegeben, fördert die weltweite Verbreitung der Standards und überwacht deren Umsetzung in den Mitgliedstaaten.

5.6.1 Indizien für Geldwäsche oder Terrorismusfinanzierung

Mögliche Anhaltspunkte, dass das Unternehmen für Geldwäsche oder Terrorismusfinanzierung missbraucht werden könnte, können folgende sein:

- Es werden offensichtlich unwirtschaftliche Geschäfte getätigt (z. B. unverhältnismäßig hohe Transaktionskosten).
- Auch auf Nachfrage werden vom Geschäftspartner keine legitimen steuerlichen, rechtlichen oder wirtschaftlichen Gründe für die Transaktion benannt.
- Der Vertragspartner versucht, größere Zahlungen in bar zu leisten.
- Zahlungen auf das Konto des Unternehmens zugunsten des Vertragspartners werden ohne plausiblen Grund von Dritten geleistet, die in keiner nachvollziehbaren Beziehung zum Vertragspartner stehen.
- Vermögensgegenstände werden in einer auffällig hohen Zahl von Transaktionen hin- und hergeschoben.
- Der Geschäftspartner ändert ungewöhnlich häufig seine Kontodaten.
- Der Vertragspartner ist in einem besonders korruptionsanfälligen Land ansässig (vgl. das Länder-Ranking von Transparency International, „Corruption Perception Index", CPI).
- Es werden Offshore-Banken oder Vermittler für die Abwicklung eingeschaltet.
- Es gibt Anhaltspunkte, dass das Unternehmen des Vertragspartners nur eine Scheingesellschaft ist (z. B. fehlende Betriebsausstattung, fehlendes Personal).
- Eine Person bietet an, als „Financial Agent" tätig zu werden, d. h. ein (Privat-)Konto für Finanztransaktionen zur Verfügung zu stellen und dort eingehende Beträge gegen Provision an Personen im Ausland oder andere Finanzagenten weiterzuleiten.
- Eine Person versucht an Informationen zu gelangen, wie das interne Monitoring- und Überprüfungssystem funktioniert.

Ferner können sich Indizien aus der Person des Vertragspartners ergeben, z. B.:

- Der Vertragspartner verlangt Anonymität und versucht seine Identität zu verschleiern.
- Der Vertragspartner erteilt unrichtige Auskünfte oder verweigert für die Durchführung des Geschäfts erforderliche Informationen.
- Gegen den Vertragspartner ist ein einschlägiges Ermittlungsverfahren anhängig.

5.6.2 Anwendungsbereich des Geldwäschegesetzes

Das Geldwäschegesetz gilt für die in § 2 GWG definierten Verpflichteten. Für sie sind nach dem Gesetz abgestufte Verhaltenspflichten maßgeblich, insbesondere Pflichten zur Identifizierung von Vertragspartnern, zur Dokumentation, zur Meldung von Verdachtsfällen an die Staatsanwaltschaft und das Bundeskriminalamt und zur Einführung von präventiven Sicherungsmaßnahmen. Verpflichtete (§ 2 Abs. 1 GwG) sind, soweit sie in Ausübung ihres Geschäfts oder Berufs handeln:

1. Kreditinstitute i. S. des § 1 Abs. 1 KWG, mit Ausnahme der in § 2 Abs. 1 Nr. 3 bis 8 KWG genannten Unternehmen, und im Inland gelegene Zweigstellen und Zweigniederlassungen von Kreditinstituten mit Sitz im Ausland,
2. Finanzdienstleistungsinstitute i. S. des § 1 Abs. 1a KWG, mit Ausnahme der in § 2 Abs. 6 Satz 1 Nummer 3 bis 10 und 12 und Abs. 10 KWG genannten Unternehmen, und im Inland gelegene Zweigstellen und Zweigniederlassungen von Finanzdienstleistungsinstituten mit Sitz im Ausland,
   a) Institute im Sinne des § 1 Abs. 2a ZAG und im Inland gelegene Zweigstellen und Zweigniederlassungen von Instituten im Sinne des § 1 Abs. 2a ZAG mit Sitz im Ausland,
   b) Agenten im Sinne des § 1 Abs. 7 ZAG und E-Geld-Agenten im Sinne des § 1a) Abs. 6 ZAG,
   c) Unternehmen und Personen, die E-Geld im Sinne des § 1a Abs. 3 ZAG eines Kreditinstituts im Sinne des § 1a Abs. 1 Nummer 1 ZAG vertreiben oder rücktauschen,
3. Finanzunternehmen im Sinne des § 1 Abs. 3 KWG, die nicht unter Nummer 1 oder Nummer 4 fallen und deren Haupttätigkeit einer der in § 1 Abs. 3 Satz 1 KWG genannten Haupttätigkeiten oder einer Haupttätigkeit eines durch Rechtsverordnung nach § 1 Abs. 3 Satz 2 KWG bezeichneten Unternehmens entspricht, und im Inland gelegene Zweigstellen und Zweigniederlassungen solcher Unternehmen mit Sitz im Ausland,
4. Versicherungsunternehmen, soweit sie Geschäfte betreiben, die unter die Richtlinie 2002/83/EG des Europäischen Parlaments und des Rates vom 5. November 2002 über Lebensversicherungen (ABl. EG Nr. L 345 S. 1) fallen, oder soweit sie Unfallversicherungsverträge mit Prämienrückgewähr anbieten, und im Inland gelegene Niederlassungen solcher Unternehmen mit Sitz im Ausland, 4a. die Bundesrepublik Deutschland — Finanzagentur GmbH,
5. Versicherungsvermittler im Sinne des § 59 VVG, soweit sie Lebensversicherungen oder Dienstleistungen mit Anlagezweck vermitteln, mit Ausnahme der gemäß § 34d Abs. 3 oder Abs. 4 GewO tätigen Versicherungsvermittler, und im Inland gelegene Niederlassungen entsprechender Versicherungsvermittler mit Sitz im Ausland,

Compliance-Themenfelder

6. Kapitalanlagegesellschaften im Sinne des § 2 Abs. 6 InvG und im Inland gelegene Zweigniederlassungen vergleichbarer Unternehmen mit Sitz im Ausland sowie selbstverwaltende Investmentaktiengesellschaften nach § 97 Abs. 1a InvG,
7. Rechtsanwälte, Kammerrechtsbeistände und Patentanwälte sowie Notare, wenn sie für ihren Mandanten an der Planung oder Durchführung von folgenden Geschäften mitwirken:
   a) Kauf und Verkauf von Immobilien oder Gewerbebetrieben,
   b) Verwaltung von Geld, Wertpapieren oder sonstigen Vermögenswerten,
   c) Eröffnung oder Verwaltung von Bank-, Spar- oder Wertpapierkonten,
   d) Beschaffung der zur Gründung, zum Betrieb oder zur Verwaltung von Gesellschaften erforderlichen Mittel,
   e) Gründung, Betrieb oder Verwaltung von Treuhandgesellschaften, Gesellschaften oder ähnlichen Strukturen,
   oder wenn sie im Namen und auf Rechnung des Mandanten Finanz- oder Immobilientransaktionen durchführen,
7a. nicht verkammerte Rechtsbeistände und registrierte Personen im Sinne des § 10 RDG, wenn sie für ihren Mandanten an der Planung oder Durchführung von folgenden Geschäften mitwirken:
   a) Kauf und Verkauf von Immobilien oder Gewerbebetrieben,
   b) Verwaltung von Geld, Wertpapieren oder sonstigen Vermögenswerten,
   c) Eröffnung oder Verwaltung von Bank-, Spar- oder Wertpapierkonten,
   d) Beschaffung der zur Gründung, zum Betrieb oder zur Verwaltung von Gesellschaften erforderlichen Mittel,
   e) Gründung, Betrieb oder Verwaltung von Treuhandgesellschaften, Gesellschaften oder ähnlichen Strukturen oder wenn sie im Namen und auf Rechnung des Mandanten Finanz- oder Immobilientransaktionen durchführen,
8. Wirtschaftsprüfer, vereidigte Buchprüfer, Steuerberater und Steuerbevollmächtigte,
9. Dienstleister für Gesellschaften und Treuhandvermögen oder Treuhänder, die nicht den unter Nummer 7 oder Nummer 8 genannten Berufen angehören, wenn sie für Dritte eine der folgenden Dienstleistungen erbringen:
   a) Gründung einer juristischen Person oder Personengesellschaft,
   b) Ausübung der Leitungs- oder Geschäftsführungsfunktion einer juristischen Person oder einer Personengesellschaft, der Funktion eines Gesellschafters einer Personengesellschaft oder einer vergleichbaren Funktion,
   c) Bereitstellung eines Sitzes, einer Geschäfts-, Verwaltungs- oder Postadresse und anderer damit zusammenhängender Dienstleistungen für eine juristische Person, eine Personengesellschaft oder eine Rechtsgestaltung im Sinne von § 1 Abs. 6 Satz 2 Nr. 2,

d) Ausübung der Funktion eines Treuhänders für eine Rechtsgestaltung im Sinne von § 1 Abs. 6 Satz 2 Nr. 2,
e) Ausübung der Funktion eines nominellen Anteilseigners für eine andere Person, bei der es sich nicht um eine auf einem organisierten Markt notierte Gesellschaft im Sinne des § 2 Abs. 5 des Wertpapierhandelsgesetzes handelt, die dem Gemeinschaftsrecht entsprechenden Transparenzanforderungen im Hinblick auf Stimmrechtsanteile oder gleichwertigen internationalen Standards unterliegt,
f) Schaffung der Möglichkeit für eine andere Person, die in den Buchstaben b, d und e genannten Funktionen auszuüben,
10. Immobilienmakler,
11. Spielbanken,
12. Veranstalter und Vermittler von Glücksspielen im Internet,
13. Personen, die gewerblich mit Gütern handeln.

Die Einhaltung der Pflichten des Geldwäschegesetzes ist bußgeldbewehrt (§ 17 GwG). Geldwäsche selbst ist ein Straftatbestand gem. § 261 StGB. Der Versuch ist gem. § 261 Abs. 3 StGB strafbar. Der Straftatbestand kann auch dann verwirklicht sein, wenn leichtfertig verkannt wird, dass ein Gegenstand aus einer rechtswidrigen Vortat herrührt, § 261 Abs. 5 StGB. Strafbare Geldwäsche kann durch Beihilfe oder Anstiftung zur Geldwäsche oder mit der Verschleierung unrechtmäßig erlangter Vermögenswerte begangen werden.

5.6.3 Nachweis angemessener Maßnahmen

Das Geldwäschegesetz überlässt es weitgehend dem Unternehmen, den konkreten Umfang der Maßnahmen zur Erfüllung seiner gesetzlichen Sorgfaltspflichten aufgrund eines „risikobasierten Ansatzes" zu treffen. Es müssen daher Maßnahmen getroffen werden, die den Risiken hinsichtlich des konkreten Vertragspartners, der jeweiligen Geschäftsbeziehung und der betroffenen Transaktion Rechnung tragen. Die nach dem Geldwäschegesetz Verpflichteten (vgl. § 2 Abs. 1 GwG) müssen also gegenüber den zuständigen Behörden auf Verlangen darlegen können, dass der Umfang der von ihnen getroffenen Maßnahmen im Hinblick auf die Risiken der Geldwäsche und der Terrorismusfinanzierung als angemessen anzusehen ist (§ 3 Abs. 4 Satz 2 GwG). Dafür ist eine Dokumentation aller getroffenen Maßnahmen zur Bekämpfung von Geldwäsche und Terrorismusfinanzierung geboten.

5.6.4 Interne Grundsätze zur Verhinderung von Geldwäsche und Terrorismusfinanzierung

Die Entwicklung interner Grundsätze zur Verhinderung der Geldwäsche und der Terrorismusfinanzierung ist als Teil der Sicherungsmaßnahmen gem. § 9 GwG vorgeschrieben. Diese internen Grundsätze müssen bei Bedarf aktualisiert werden (§ 9 Abs. 1, 2 GwG).

5.6.5 Gesetzliche Sorgfaltspflichten

Das Geldwäschegesetz schreibt die Erfüllung bestimmter Sorgfaltspflichten vor. Dazu zählen gem. § 3 GwG u. a.:

- die Identifizierung des Vertragspartners,
- die Einholung von Informationen über die Geschäftsbeziehung,
- die Abklärung des wirtschaftlich Berechtigten und
- die kontinuierliche Überwachung.

Im Einzelfall können „vereinfachte" oder „verstärkte" Sorgfaltspflichten eingreifen (§§ 5, 6 GwG). Für natürliche oder juristische „Personen, die gewerblich mit Gütern handeln" (§ 2 Abs. 1 Nr. 13 GwG) gelten Besonderheiten (vgl. § 3 Abs. 2 GwG).

5.6.6 Erkennen von „Smurfing"-Vorgängen

Führt ein Geschäftspartner mehrere Finanztransaktionen mit dem Unternehmen durch, die zusammen einen Betrag im Wert von 15.000 EUR oder mehr ausmachen, und liegen tatsächliche Anhaltspunkte dafür vor, dass zwischen den Transaktionen eine Verbindung besteht und es sich folglich um eine einheitliche Finanztransaktion handelt (sog. Smurfing), greifen die Sorgfaltspflichten nach dem Geldwäschegesetz ebenfalls ein (§ 3 Abs. 2 Nr. 2 GwG). Das Unternehmen muss das Bestehen einer Verbindung zwischen einzelnen Finanztransaktionen im Wege einer Gesamtbetrachtung aller Umstände beurteilen.

Da Smurfing-Vorgänge bei arbeitsteiligen Abläufen in einem Unternehmen nur schwer zu erkennen sind, sind im Rahmen der allgemeinen Überwachungspflicht zumindest Stichproben durchzuführen. Werden dabei Tatsachen festgestellt, die darauf schließen lassen, dass eine Geldwäsche, eine Verschleierung unrechtmäßig erlangter Vermögenswerte oder eine Terrorismusfinanzierung vorliegen könnte, ist die nach dem Geldwäschegesetz vorgeschriebene Verdachtsmeldung zu erstatten (§ 11 GwG). Die Ergebnisse einer Smurfing-Kontrolle und -Überwachung sollten dokumentiert werden.

5.6.7 Richtlinie zur Bekämpfung von Geldwäsche und Terrorismusfinanzierung

Es empfiehlt sich, die geltenden gesetzlichen Pflichten zur Bekämpfung von Geldwäsche und Terrorismusfinanzierung in einer Richtlinie verständlich dargestellt und erläutert als Verhaltenspflichten für die Unternehmensmitarbeiter zu formulieren. Die Richtlinie sollte die vom Unternehmen entwickelten Grundsätze zur Verhinderung der Geldwäsche und der Terrorismusfinanzierung enthalten (vgl. § 9 Abs. 1, Abs. 2). Ferner sollte sie auch ausführen, unter welchen Umständen eine Verdachtsmeldung nach dem GwG erfolgen muss und wie diese durchzuführen ist (vgl. § 11 GwG). Die Richtlinie sollte hierfür die zu verwendenden Formulare enthalten.

Ist das Unternehmen international aktiv, sollte die Geldwäschebekämpfungsrichtlinie auch den Hinweis enthalten, dass unter Umständen strengeres lokales Recht zu beachten ist, die Richtlinie also nur einzuhaltende Mindestanforderungen regelt. Sie sollte schließlich auch auf die möglichen Sanktionen bei Verstößen hinweisen (Bußgelder, Strafen, arbeits- bzw. dienstvertragsrechtliche Sanktionen, Haftung).

Schließlich sollten darin die unternehmensinternen Ansprechpartner benannt werden, an die sich Mitarbeiter mit Fragen und Hinweisen wenden können.

5.6.8 Geldwäschebeauftragter

Für bestimmte Unternehmen (insbesondere Kredit-, Finanzdienstleistungs- oder Zahlungsinstitute oder bestimmte Versicherungsunternehmen) zählt die Bestellung eines Geldwäschebeauftragten zu den kraft Gesetzes vorgeschriebenen internen Sicherungsmaßnahmen (§ 25c Abs. 4 KWG, § 80d Abs. 3 VAG). Bei anderen nach dem Geldwäschegesetz Verpflichteten kann die Bestellung eines Geldwäschebeauftragten durch die zuständige Behörde angeordnet werden, wenn sie dies für angemessen erachtet (§ 9 Abs. 4 GWG).

Der Geldwäschebeauftragte ist Ansprechpartner für die zuständigen Behörden, z. B. für die Strafverfolgungsbehörden, für das Bundeskriminalamt — Zentralstelle für Verdachtsmeldungen, für die nach Landesrecht zuständigen Aufsichtsbehörden etc. Er hat die Aufgabe, sich mit allen Angelegenheiten zur Einhaltung des Geldwäschegesetzes innerhalb der Organisation zu befassen. Auch dort, wo ein Geldwäschebeauftragter nicht gesetzlich vorgeschrieben oder behördlich angeordnet ist, kann sich die Bestellung eines solchen empfehlen, so z. B., wenn das Unternehmen eine Geschäftstätigkeit verfolgt, bei der es naheliegt, dass es von Dritten für Geldwäsche missbraucht werden kann.

Ist ein Geldwäschebeauftragter eingesetzt, so ist es sinnvoll, in einer Aufgabenbeschreibung festzuhalten, welche Aufgaben, Stellung, Rechte- und Pflichten er hat. Insbesondere sollte klargestellt werden, dass ihm ein ungehinderter Zugang zu sämtlichen Informationen, Daten, Aufzeichnungen und Systemen zu verschaffen ist, die im Rahmen der Erfüllung seiner Aufgaben als Geldwäschebeauftragter von Bedeutung sind. Die Geschäftsbereiche und Konzerngesellschaften sollten ausdrücklich verpflichtet werden, ihn in Vorgängen, die eine Meldepflicht hinsichtlich Geldwäsche oder Terrorismusfinanzierung auslösen könnten, rechtzeitig zu benachrichtigen und über den relevanten Sachverhalt informieren.

5.6.8.1 Berichtsweg

Der Geldwäschebeauftragte soll im Unternehmen über eine Position verfügen, die es ihm erlaubt, die Belange des Geldwäschegesetzes (GwG) mit Nachdruck zu vertreten. Er muss der Geschäftsleitung unmittelbar nachgeordnet werden und eine direkte und unmittelbare Berichtslinie und Berichtspflicht gegenüber der Geschäftsleitung haben (vgl. die gesetzlichen Regelungen in § 80d Abs. 3 VAG, § 25c Abs. 4 KWG).

5.6.8.2 Ressourcen

Der Geldwäschebeauftragte muss über die für eine ordnungsgemäße Durchführung seiner Aufgaben notwendigen und wirksamen Mittel und Verfahren verfügen (ausdrücklich geregelt für die von § 80d Abs. 3 VAG, § 25c Abs. 4 KWG betroffenen Fälle).

5.6.8.3 Befugnisse des Geldwäschebeauftragten

Um seine Aufgaben effizient erfüllen zu können, muss der Geldwäschebeauftragte über einen ungehinderten Zugang zu sämtlichen Informationen, Daten, Aufzeichnungen und Systemen, die für die Aufgabenerfüllung von Bedeutung sein können, und über ausreichende Befugnisse verfügen (vgl. § 80d Abs. 3 VAG, § 25c Abs. 4 KWG).

5.6.8.4 Bestellung und Entpflichtung des Geldwäschebeauftragten: Mitteilung an Behörde

In bestimmten Fällen, beispielsweise bei Versicherungen, die Lebensversicherungen anbieten, und bei Kredit- und Finanzdienstleistungsinstituten ist die Mitteilung der Bestellung und Entpflichtung des Geldwäschebeauftragten an die zuständige Behörde gesetzlich vorgeschrieben (vgl. § 9 Abs. 2 Nr. 1 Satz 3 GwG, § 80d Abs. 3 VAG, § 25c Abs. 4 KWG).

5.6.8.5 Externer Geldwäschebeauftragter

Sofern ein Externer im Wege des Outsourcings als gesetzlich vorgeschriebener Geldwäschebeauftragter eingesetzt werden soll, ist eine vorherige Zustimmung bei der jeweils zuständigen Aufsichtsbehörde einzuholen; ferner muss eine ausdrückliche vertragliche Vereinbarung zwischen Externem und dem Unternehmen vorliegen (§ 9 Abs. 3 GwG).

Die behördliche Zustimmung wird nur erteilt, wenn der Dritte die Gewähr dafür bietet, dass die Maßnahmen ordnungsgemäß durchgeführt und die Steuerungsmöglichkeiten der Verpflichteten und die Kontrollmöglichkeiten der zuständigen Behörden nicht beeinträchtigt werden.

5.6.9 Sicherungssysteme und Kontrollen

Die Entwicklung und Aktualisierung angemessener geschäfts- und kundenbezogener Sicherungssysteme und Kontrollen zur Verhinderung der Geldwäsche und der Terrorismusfinanzierung sind als Teil der internen Sicherungsmaßnahmen gem. § 9 Abs. 1 und 2 GwG vorgeschrieben.

5.6.10 Identifizierungspflichten

Der Vertragspartner bzw. der wirtschaftlich Berechtigte müssen gem. §§ 3 Abs. 1 Nr. 1 und 4 GwG identifiziert werden, wenn

- eine Geschäftsbeziehung begründet bzw. eine Transaktion durchgeführt wird,
- außerhalb einer bestehenden Geschäftsbeziehung Transaktionen im Wert von mindestens 15.000 EUR durchgeführt werden,

Compliance-Themenfelder

- Tatsachen vorliegen, die auf Geldwäsche, Verschleierung unrechtmäßig erlangte Vermögenswerte oder Terrorismusfinanzierung schließen lassen, oder
- Zweifel hinsichtlich der Richtigkeit der gemachten Identitätsangaben bestehen.

Das Gesetz sieht in bestimmten Fällen Ausnahmen von dieser Identifizierungspflicht vor, z. B. weil der zu Identifizierende bereits bei früherer Gelegenheit identifiziert und die dabei erhobenen Angaben aufgezeichnet wurden, und keine Zweifel bestehen, dass die bei der früheren Identifizierung erhobenen Angaben weiterhin zutreffend sind (vgl. § 4 Abs. 2 GwG).

Unter „Identifizieren" versteht das Geldwäschegesetz die Feststellung der Identität durch Erheben von Angaben und die Überprüfung der Identität. Bei einer natürlichen Person sind für die Identifizierung folgende Daten relevant:

- Name,
- Geburtsort,
- Geburtsdatum,
- Staatsangehörigkeit und
- Anschrift.

Die Identität ist anhand von Ausweispapieren nachzuprüfen.

Bei einer juristischen Person oder einer Personengesellschaft sind folgende Angaben zu erheben:

- Firma, Name oder Bezeichnung,
- Rechtsform,
- Registernummer, soweit vorhanden,
- Anschrift des Sitzes oder der Hauptniederlassung und
- Namen der Mitglieder des Vertretungsorgans oder der gesetzlichen Vertreter.

Ist ein Mitglied des Vertretungsorgans oder der gesetzliche Vertreter eine juristische Person, so sind deren Firma, Name oder Bezeichnung, Rechtsform, Registernummer, soweit vorhanden, und Anschrift des Sitzes oder der Hauptniederlassung zu erheben. Die Identität ist anhand eines Registerauszugs nachzuprüfen.

Bei Personen, die gewerblich mit Gütern handeln (§ 2 Abs. 1 Nr. 13 GwG), entfällt grundsätzlich die Pflicht, den allgemeinen Sorgfaltspflichten gem. § 3 Abs. 1 GwG im Falle der Begründung einer Geschäftsbeziehung oder bei außerhalb der Geschäftsbeziehung anfallenden Transaktionen im Wert von mindestens 15.000 EUR nachzukommen (vgl. § 3 Abs. 2 Satz 2 GwG). Sie müssen aber bei der Annahme von Bargeld im Wert von mindestens 15.000 EUR eine Identifizierung des Vertragspartners und ggf. des wirtschaftlich Berechtigten vornehmen (§ 3 Abs. 2 S. 3 GwG).

Die Identifizierungspflicht besteht in jedem Fall unabhängig vom Transaktionswert — auch im Falle der künstlichen Aufsplittung von Bargeldbeträgen — wenn Tatsachen festgestellt werden, die darauf schließen lassen, dass eine Transaktion zur Geldwäsche oder Terrorismusfinanzierung dient, sowie bei Zweifeln, ob die erhobenen Identitätsangaben bezüglich des Vertragspartners oder wirtschaftlich Berechtigten zutreffen.

5.6.10.1 Zeitpunkt der Identifizierung

Eine nach dem Geldwäschegesetz vorgeschriebene Identifizierung des Vertragspartners bzw. des wirtschaftlich Berechtigten muss bereits vor Begründung der Geschäftsbeziehung oder vor Durchführung der Transaktion stattfinden. Die Identifizierung kann noch während der Begründung der Geschäftsbeziehung abgeschlossen werden, wenn dies erforderlich ist, um den normalen Geschäftsablauf nicht zu unterbrechen, und ein geringes Risiko der Geldwäsche oder der Terrorismusfinanzierung besteht (§ 4 Abs. 1 GwG).

Nach dem Geldwäschegesetz kann von einer solchen Identifizierung abgesehen werden, wenn der Verpflichtete den zu Identifizierenden bereits bei früherer Gelegenheit identifiziert und die dabei erhobenen Angaben aufgezeichnet hat, es sei denn, der Verpflichtete muss auf Grund der äußeren Umstände Zweifel hegen, dass die bei der früheren Identifizierung erhobenen Angaben weiterhin zutreffend sind (§ 4 Abs. 2 GwG).

5.6.10.2 Informationen über Zweck und Art der Geschäftsbeziehung

Die Einholung von Informationen über den Zweck und die angestrebte Art der Geschäftsbeziehung ist gem. § 3 Abs. 1 Nr. 2 GwG vorgeschrieben, soweit sich diese im Einzelfall nicht bereits zweifelsfrei aus der Geschäftsbeziehung ergeben, wenn

- eine Geschäftsbeziehung begründet wird,
- außerhalb einer bestehenden Geschäftsbeziehung Transaktionen im Wert von mindestens 15.000 EUR durchgeführt werden (einschließlich der Smurfing-Fälle, siehe dazu oben Kap. 5.6.6),

Compliance-Themenfelder

- Tatsachen vorliegen, die auf Geldwäsche, Verschleierung unrechtmäßig erlangter Vermögenswerte oder Terrorismusfinanzierung schließen lassen, oder
- Zweifel bezüglich der Richtigkeit der gemachten Identitätsangaben bestehen,

soweit sich diese im Einzelfall nicht bereits zweifelsfrei aus der Geschäftsbeziehung ergeben.

5.6.10.3 Identifizierung des wirtschaftlich Berechtigten

Das Geldwäschegesetz verlangt, dass im Falle einer Identifizierungspflicht eine Abklärung erfolgt, ob der Vertragspartner für einen wirtschaftlich Berechtigten handelt (§ 3 Abs. 1 Nr. 3 GWG).

Ist dies der Fall, so ist eine Identifizierung des wirtschaftlich Berechtigten vorzunehmen, wenn

- eine Geschäftsbeziehung begründet wird,
- außerhalb einer bestehenden Geschäftsbeziehung Transaktionen im Wert von mindestens 15.000 EUR durchgeführt werden,
- Tatsachen vorliegen, die auf Geldwäsche, Verschleierung unrechtmäßig erlangter Vermögenswerte oder Terrorismusfinanzierung schließen lassen, oder
- Zweifel bezüglich der Richtigkeit der gemachten Identitätsangaben bestehen.

Hierdurch soll eine Geldwäsche mittels Strohmännern erschwert werden.

Bei einem wirtschaftlich Berechtigten sind zur Feststellung der Identität zumindest dessen Name und, soweit dies in Ansehung des im Einzelfall bestehenden Risikos der Geldwäsche oder der Terrorismusfinanzierung angemessen ist, weitere Identifizierungsmerkmale zu erheben. Zur Überprüfung der Identität des wirtschaftlich Berechtigten hat sich der Verpflichtete durch risikoangemessene Maßnahmen zu vergewissern, dass die erhobenen Angaben zutreffend sind (§ 4 Abs. 5 GwG).

Ist der Vertragspartner keine natürliche Person, muss die Eigentums- und Kontrollstruktur des Vertragspartners mit angemessenen Mitteln in Erfahrung gebracht werden (vgl. § 3 Abs. 1 Nr. 3 GwG). Der Vertragspartner ist verpflichtet offenzulegen, ob er die Geschäftsbeziehung oder die Transaktion für einen wirtschaftlich Berechtigten begründen, fortsetzen oder durchführen will. Zugleich muss er dem Verpflichteten auch die Identität des wirtschaftlich Berechtigten nachweisen (§ 4 Abs. 6 GWG).

5.6.11 Kontinuierliche Überwachung

Das Geldwäschegesetz verlangt eine kontinuierliche Überwachung der Geschäftsbeziehungen, einschließlich der in ihrem Verlauf durchgeführten Transaktionen, um sicherzustellen, dass diese weiterhin mit den beim Verpflichteten vorhandenen Informationen über den Vertragspartner und ggf. über den wirtschaftlich Berechtigten, deren Geschäftätigkeit und Kundenprofil und soweit erforderlich mit den vorhandenen Informationen über die Herkunft ihrer Vermögenswerte übereinstimmen (§ 3 Abs. 1 Nr. 4 GwG).

5.6.12 Regelmäßige Aktualisierung

Das Geldwäschegesetz enthält eine Aktualisierungspflicht zu Informationen über den Vertragspartner, um eine effektive Überwachung unter Geldwäsche- oder Terrorismusfinanzierungsgesichtspunkten vorzunehmen zu können, wenn

- eine Geschäftsbeziehung begründet wird,
- außerhalb einer bestehenden Geschäftsbeziehung Transaktionen im Wert von mindestens 15.000 EUR durchgeführt werden,
- Tatsachen vorliegen, die auf Geldwäsche, Verschleierung unrechtmäßig erlangter Vermögenswerte oder Terrorismusfinanzierung schließen lassen, oder
- Zweifel bezüglich der Richtigkeit der gemachten Identitätsangaben bestehen.

Dies gilt nicht nur für neue Vertragspartner, sondern auch für bestehende Kundenbeziehungen aus der Zeit vor Inkrafttreten des aktuellen Geldwäschegesetzes. Sie müssen sukzessive in die laufende Überwachung einbezogen werden, zumindest dann, wenn Tatsachen vorliegen, die auf Geldwäsche, Verschleierung unrechtmäßig erlangter Vermögenswerte oder Terrorismusfinanzierung schließen lassen, oder wenn Zweifel bezüglich der Richtigkeit der gemachten Identitätsangaben aufkommen.

5.6.13 Zusätzliche Sorgfaltspflichten bei erhöhten Risiken

Bei erhöhten Risiken bezüglich der Geldwäsche oder der Terrorismusfinanzierung gelten zusätzliche, dem höheren Risiko Rechnung tragende „verstärkte" Sorgfaltspflichten (§ 6 GwG).

Compliance-Themenfelder

Der Gesetzgeber erwähnt (nicht abschließende) Fallgestaltungen, in denen er das Risiko einer Geldwäsche oder der Terrorismusfinanzierung als höher einschätzt:

- Vertragsbeziehungen mit sog. politisch exponierten Personen (PEP) oder mit diesen in Zusammenhang stehenden Personen mit Sitz im Ausland (auch wenn es sich um eine PEP handelt, die im Ausland ein wichtiges öffentliches Amt ausübt oder zuvor ausgeübt hat, unabhängig, ob sie im In- oder Ausland residiert, und unabhängig von der Frage, ob die PEP bereits aus dem Amt ausgeschieden ist). Von der Risikogruppe sind die Familienmitglieder bzw. der PEP nahestehende Personen gleichermaßen erfasst. Die verstärkten Sorgfaltspflichten sind auch zu erfüllen, wenn der wirtschaftlich Berechtigte eine PEP ist. Zu den verstärkten Sorgfaltspflichten gehören dabei:
  - die Anwendung angemessener und risikoorientierter Verfahren zur Bestimmung der Eigenschaft einer PEP und der Herkunft von Vermögenswerten,
  - die verstärkte kontinuierliche Überwachung der Geschäftsbeziehung und
  - die Zustimmung zur Begründung der Geschäftsbeziehung durch den unmittelbar Vorgesetzten der für den Verpflichteten handelnden Person (§ 6 Abs. 2 Nr. 1 GwG).

  und
- wenn der Vertragspartner eine natürliche Person ist, die zur Feststellung der Identität nicht persönlich anwesend ist.

Im Falle von zusätzlichen, verstärkten Sorgfaltspflichten wegen erhöhter Risiken bezüglich der Geldwäsche oder der Terrorismusfinanzierung muss gegenüber den zuständigen Behörden auf Verlangen dargelegt werden, dass der Umfang der getroffenen Maßnahmen im Hinblick auf die Risiken der Geldwäsche und der Terrorismusfinanzierung als angemessen anzusehen ist (§ 6 i. V. m. § 3 Abs. 4 Satz 2 GwG). Hierfür ist eine Dokumentation der getroffenen Maßnahmen erforderlich.

5.6.14 Risikobewertung

Das Geldwäschegesetz sieht in bestimmten, abschließend definierten Fällen als Erleichterung vor, dass vereinfachte Sorgfaltspflichten angewendet werden können, sofern nicht eine verstärkte Sorgfaltspflicht (§ 6 GwG) oder andere spezialgesetzliche Bestimmungen (z. B. die EU-Geldtransferverordnung) eingreifen.

Die Anwendung der vereinfachten Sorgfaltspflichten setzt eine Risikobewertung seitens des Verpflichteten im Einzelfall voraus (§ 5 Abs. 1 GwG). Liegen dem Unternehmen im Hinblick auf eine konkrete Transaktion oder Geschäftsbeziehung Informationen vor, die darauf schließen lassen, dass das Risiko der Geldwäsche oder der Terrorismusfinanzierung nicht gering ist, ist die Anwendung der vereinfachten Sorgfaltspflichten nicht zulässig (§ 5 Abs. 3 GwG).

Auch bei Vorliegen der Voraussetzungen für die vereinfachten Sorgfaltspflichten bleiben die Identifizierungspflicht und, im Falle einer Geschäftsbeziehung, die kontinuierliche Überwachungspflicht uneingeschränkt anwendbar (§ 5 Abs. 1 GwG). Verpflichtete müssen gegenüber der zuständigen Aufsichtsbehörde auf Verlangen darlegen können, dass der Umfang der von ihnen getroffenen (vereinfachten) Maßnahmen im Hinblick auf die Risiken als angemessen anzusehen ist (§§ 5 Abs. 1, 3 Abs. 4 S. 2 GwG). Daher empfiehlt sich eine (Einzelfall-)Dokumentation, warum die Anwendung der vereinfachten Sorgfaltspflichten als angemessen anzusehen war.

5.6.15 Keine Geschäftsbeziehung oder Transaktion ohne Erfüllung der Sorgfaltspflichten

Kann das Unternehmen die Sorgfaltspflichten nach dem Geldwäschegesetz — insbesondere zur Identifizierung, Einholung von Informationen, Abklärung des wirtschaftlich Berechtigten und kontinuierlichen Überwachung — oder die vorgeschriebenen verstärkten Sorgfaltspflichten wegen erhöhter Risiken nicht erfüllen, darf die Geschäftsbeziehung nicht begründet oder fortgesetzt und keine Transaktion durchgeführt werden. Eine bestehende Geschäftsbeziehung ist mittels Kündigung oder auf andere Weise zu beenden (vgl. § 3 Abs. 6 Satz 1 GwG).

5.6.16 Monitoring aller verdächtigen Transaktionen

Bestandteil der Überwachungspflicht der Unternehmensleitung ist es darüber hinaus, geeignete Kontrollmaßnahmen einzuführen, die eine Überwachung der Transaktionen unter Geldwäschegesichtspunkten ermöglichen. Dies ist Voraussetzung zur Erfüllung der gesetzlichen Pflicht gem. § 11 GwG. Sie schreibt vor, dass eine Verdachtsmeldung erstattet wird bei Feststellung von Tatsachen, die darauf schließen lassen, dass eine Straftat nach § 261 StGB (Geldwäsche, Verschleierung unrechtmäßig erlangter Vermögenswerte) oder eine Terrorismusfinanzierung begangen oder versucht wurde oder wird.

5.6.17 Einschaltung eines externen Dienstleisters

Der Rückgriff auf Dritte bei Maßnahmen zur Einhaltung der Sorgfaltspflichten nach dem Geldwäschegesetz (Identifizierung, Einholung von Informationen, Abklärung des wirtschaftlich Berechtigten) aufgrund einer vertraglichen Vereinbarung ist zulässig (vgl. § 7 Abs. 1 Satz 1 GwG).

Allerdings verbleibt die Verantwortung für die Einhaltung der gesetzlichen Bestimmungen auch in diesem Fall beim Unternehmen: Maßnahmen des eingeschalteten Dritten, der die Erfüllung von Sorgfaltspflichten nach dem Geldwäschegesetz für das Unternehmen übernommen hat, werden dem Unternehmen als eigene zugerechnet (vgl. § 7 Abs. 1 GwG). Die Tätigkeit des Dritten darf nicht die Steuerungs- oder Kontrollmöglichkeiten der Geschäftsleitung oder die Prüfungsrechte und Kontrollmöglichkeiten der zuständigen Behörden beeinträchtigen.

Vor Beginn der Zusammenarbeit muss seine Zuverlässigkeit überprüft werden (§ 7 Abs. 2 GwG).

Nicht auf Dritte übertragen werden kann die in § 3 Abs. 1 Nr. 4 GwG enthaltene Pflicht, eine Geschäftsbeziehung kontinuierlich zu überwachen.

5.6.17.1 Überprüfung des externen Dienstleisters

Sofern Pflichten nach dem Geldwäschegesetz, z. B. die Pflicht zur Identifizierung, Einholung von Informationen, Abklärung des wirtschaftlich Berechtigten und kontinuierlichen Überwachung durch andere Personen als die eigenen Mitarbeiter, also durch externe Dienstleister erfüllt werden, muss sich das Unternehmen auch während der Zusammenarbeit durch Stichproben über die Angemessenheit und Ordnungsmäßigkeit der vom Dienstleister getroffenen Maßnahmen überzeugen (§ 7 Abs. 2 GwG). Diese Maßnahmen sind zu dokumentieren, um die Erfüllung der gesetzlichen Pflichten nachweisen zu können.

5.6.17.2 Übermittlung von Informationen durch den externen Dienstleister

Gemäß § 7 Abs. 1 GwG müssen Dritte, die zur Erfüllung der Sorgfaltspflichten nach dem Geldwäschegesetz eingeschaltet wurden, dem Unternehmen unverzüglich und unmittelbar die bei Durchführung der Sorgfaltsmaßnahmen zur Identifizierung, der Einholung von Informationen und der Abklärung des wirtschaftlich Berechtigten erlangten Informationen übermitteln (auf Anfrage auch die von ihm aufbewahrten Kopien und Unterlagen).

5.6.18 Verdachtsmeldungen

Werden Tatsachen festgestellt, die darauf schließen lassen, dass eine Geldwäsche oder eine Verschleierung unrechtmäßig erlangter Vermögenswerte begangen oder versucht wurde oder wird oder die Vermögenswerte im Zusammenhang mit Terrorismusfinanzierung stehen, muss unabhängig von der Höhe des Transaktionswertes eine Verdachtsmeldung erstattet werden (§ 11 GwG).

Der Verdacht muss unverzüglich bei den zuständigen Behörden gemeldet werden. Dies kann mündlich, telefonisch, per Fax oder Brief oder durch elektronische Datenübermittlung, also z. B. per Mail, geschehen. Eine mündlich oder telefonisch erstattete Meldung ist schriftlich oder durch elektronische Datenübermittlung zu wiederholen (§ 11 Abs. 2 GwG).

In der internen Richtlinie sollte die Zuständigkeit für die Abgabe einer Verdachtsmeldung ausdrücklich festgelegt werden (z. B. durch den Compliance-Verantwortlichen oder den Geldwäschebeauftragten). Daneben sollten Berichts- und Auskunftspflichten der Mitarbeiter gegenüber dem Zuständigen definiert werden, damit dieser den Sachverhalt umfassend aufklären kann.

Es empfiehlt sich klarzustellen, dass niemand, der eine Verdachtsmeldung oder ein Strafanzeige erstattet oder den Sachverhalt seinem Vorgesetzten oder einer unternehmensintern zuständigen Stelle mitteilt, negative Folgen fürchten muss, es sei denn, die Meldung oder Anzeige ist vorsätzlich oder grob fahrlässig unwahr erstattet worden (vgl. § 13 GWG).

> **TIPP**
>
> Auf der Homepage des Bundeskriminalamtes (www.bka.de, Bereich „Financial Intelligence Unit", FIU) steht eine Musterverdachtsmeldung nebst Ausfüllanleitung und Erreichbarkeiten der zuständigen Strafverfolgungsbehörden zur Verfügung. Das Bundeskriminalamt bevorzugt aus Gründen der effizienten Verfahrensgestaltung, dass dieses Muster für Verdachtsmeldungen verwendet wird.

5.6.18.1 Verdachtsmeldung bei Verstoß gegen die Pflicht zur Offenlegung des wirtschaftlich Berechtigten

Der Vertragspartner hat gegenüber einem Verpflichteten nach dem Geldwäschegesetz offenzulegen, ob er die Geschäftsbeziehung oder die Transaktion für einen wirtschaftlich Berechtigten begründen, fortsetzen oder durchführen will (§ 4 Abs. 6 Satz 2 GwG). Wenn Tatsachen darauf schließen lassen, dass der Vertragspartner dieser Offenlegungspflicht zuwidergehandelt hat, muss ebenfalls eine Verdachtsmeldung erfolgen (§ 11 Abs. 1 GwG).

5.6.18.2 Vorkehrungen zur Vermeidung von Transaktionen in Verdachtsfällen

Eine Transaktion darf nicht durchgeführt werden, solange im Falle eines Verdachts auf Geldwäsche, Verschleierung unrechtmäßig erlangter Vermögenswerte oder Terrorismusfinanzierung nicht die Zustimmung der Staatsanwaltschaft vorliegt oder die in § 11 Abs. 1a GwG genannte Frist abgelaufen ist (Stillhaltepflicht). Ausnahmsweise darf eine Transaktion durchgeführt werden, wenn ein Aufschub der Transaktion nicht möglich ist oder die Strafverfolgung gegen einen mutmaßlichen Geldwäscher sonst behindert würde (vgl. § 11 Abs. 1a GwG).

Die Verdachtsmeldung ist dann unverzüglich nachzuholen.

5.6.18.3 Dokumentation

Um die Erfüllung der gesetzlichen Pflichten im Zusammenhang mit der Geldwäsche-Verdachtsmeldung nachweisen zu können, sollte es dokumentiert werden, wenn eine Geschäftsbeziehung aufgrund einer Transaktion abgebrochen wurde, die den Verdacht auf Geldwäsche, Verschleierung unrechtmäßig erlangter Vermögenswerte oder Terrorismusfinanzierung begründete.

5.6.18.4 Verbot der Mitteilung einer Verdachtsmeldung

Der Auftraggeber einer Transaktion und sonstige Dritte dürfen nicht von einer beabsichtigten oder erstatteten Meldung von Verdachtsfällen nach § 11 Abs. 1 GwG oder von einem daraufhin eingeleiteten Ermittlungsverfahren in Kenntnis gesetzt werden (§ 12 Abs. 1 GwG). Von diesem Verbot gelten gewisse Ausnahmen, z. B. für die Informationsweitergabe an staatliche Stellen und zuständige Behörden (siehe im Einzelnen § 12 GwG). Über den Umfang dieser Pflichten sollten die betroffenen Mitarbeiter, z. B. in der Geldwäscherichtlinie, aufgeklärt werden, damit nicht aus Unkenntnis eine Information gegenüber dem Geschäftspartner erfolgt.

5.6.19 Erfüllung der Aufzeichnungspflichten nach dem Geldwäschegesetz

Das Geldwäschegesetz schreibt vor, dass die erhobenen Angaben und eingeholten Informationen über Vertragspartner, wirtschaftlich Berechtigte, Geschäftsbeziehungen und Transaktionen sowie von Ausweisdaten aufgezeichnet werden müssen (vgl. § 8 GwG). Es muss sichergestellt sein, dass die gespeicherten Daten mit den festgestellten Angaben übereinstimmen. Auch wenn von einer erneuten Aufzeichnung abgesehen werden darf, gilt eine Aufzeichnungspflicht (§ 8 Abs. 1 GwG).

Soweit das Unternehmen Aufzeichnungen durch einen Dritten im Wege des Outsourcings durchführen lassen möchte, ist eine vorherige behördliche Zustimmung einzuholen. Die Zustimmung wird nur erteilt werden, wenn der Dritte die Gewähr dafür bietet, dass die Maßnahmen ordnungsgemäß durchgeführt und die Steuerungsmöglichkeiten der Verpflichteten und die Kontrollmöglichkeiten der zuständigen Behörden nicht beeinträchtigt werden.

Die nach dem GwG aufzuzeichnenden Informationen müssen fünf Jahre lang aufbewahrt werden und jederzeit innerhalb angemessener Frist lesbar gemacht werden können (§ 8 Abs. 2 GwG).

Soweit aufzubewahrende Unterlagen einer öffentlichen Stelle vorzulegen und die aufzubewahrenden Unterlagen auf Bild- oder Datenträgern enthalten sind, müssen Hilfsmittel zur Verfügung gestellt werden, die erforderlich sind, um die Unterlagen lesbar zu machen; auf Verlangen der Behörde müssen Unterlagen unverzüglich ganz oder teilweise ausgedruckt oder ohne Hilfsmittel lesbare Reproduktionen vorgelegt werden können (§ 147 Abs. 5 Abgabenordnung i.V.m. § 8 Abs. 4 GwG).

5.6.20 Geldwäscherechtliche Aufbewahrungspflichten

Die (mindestens) fünfjährige Aufbewahrungspflicht beginnt im Falle des § 3 Abs. 2 Satz 1 Nr. 1 GwG mit dem Schluss des Kalenderjahres, in dem die Geschäftsbeziehung endet; im Übrigen mit dem Schluss des Kalenderjahres, in dem die jeweilige Angabe festgestellt worden ist (§ 8 Abs. 3 GwG).

5.6.21 Überprüfung von Mitarbeitern

Eine sinnvolle Maßnahme im Zusammenhang mit der Bekämpfung von Geldwäsche ist die Überprüfung aller Mitarbeiter, die mit Finanztransaktionen in Berührung kommen, bereits vor deren Einstellung. Dies kann z. B. durch die Einholung von Referenzen erfolgen. Die Überprüfungsmaßnahmen sollten dokumentiert werden.

5.6.22 Schulungen zu den Pflichten nach dem Geldwäschegesetz

Alle betroffenen Mitarbeiter, insbesondere die mit der Durchführung von Transaktionen und mit der Anbahnung und Begründung von Geschäftsbeziehungen befassten Beschäftigten, müssen als Teil der nach dem Geldwäschegesetz vorgeschriebenen internen Sicherungsmaßnahmen über die Methoden der Geldwäsche und der Terrorismusfinanzierung und die nach dem Geldwäschegesetz bestehenden Pflichten unterrichtet werden (vgl. § 9 Abs. 1 und Abs. 2 Nr. 3 GwG). Die Beschäftigten müssen durch geeignete Maßnahmen über Typologien und aktuelle Methoden der Geldwäsche und Terrorismusfinanzierung und die zur Verhinderung von Geldwäsche und Terrorismusfinanzierung bestehenden Pflichten unterrichtet werden.

Die Unterrichtungen bzw. Schulungen sollten hinsichtlich der Schulungsinhalte, Termine und Teilnehmer dokumentiert werden. Nur so kann später die Erfüllung der Pflicht zur Unterrichtung der Beschäftigten nachgewiesen werden.

5.6.23 Überprüfungen von sensiblen Bereichen

Es empfiehlt sich, regelmäßig Überprüfungen („Audits") von sensiblen Bereichen durchzuführen, in denen Geldwäschevorfälle auftreten können. Solche Audits können von internen Funktionen (z. B. Revision, Compliance) oder durch externe Auditoren durchgeführt werden.

Wegen der Organisations- und Aufsichtsverantwortung der Unternehmensleitung für die Verhinderung von Geldwäsche oder Terrorismusfinanzierung müssen die Audit-Erkenntnisse allen zuständigen Entscheidungsträgern (Geschäftsführung, Compliance-Verantwortlicher) zur Kenntnis gegeben werden, damit diese eventuell erforderliche Maßnahmen veranlassen können.

Wichtig ist eine systematische Auswertung der Audit-Ergebnisse. Werden Unzulänglichkeiten oder Schulungsbedarf festgestellt, muss die Unternehmensleitung aufgrund ihrer Aufsichtsverantwortung und zur Vermeidung einer persönlichen Haftung umgehend entsprechende Maßnahmen einleiten.

5.6.24 Grenzüberschreitende Vermögensübertragungen

Wenn es vorkommt, dass Vermögenswerte von über 15.000 EUR grenzüberschreitend befördert werden, ist zu beachten, dass auf Verlangen des Zolls Auskunft über Art, Zahl und Wert, Herkunft, den wirtschaftlichen Berechtigten und den Verwendungszweck erteilt werden kann (§ 1 Abs. 3 a, §§ 10, 12a Zollverwaltungsgesetz).

5.6.25 Ausländische Vorschriften zur Geldwäschebekämpfung

International tätige Unternehmen unterliegen nicht nur dem nationalen Recht zur Geldwäschebekämpfung, sondern auch den Vorschriften derjenigen Länder, zu denen — etwa aufgrund geschäftlicher Aktivitäten in diesem Land — ein Anknüpfungspunkt vorliegt. Es ist daher sicherzustellen, dass alle anwendbaren Vorschriften der betroffenen Länder eingehalten werden (z. B. Meldepflichten an ausländische Behörden, evt. längere Aufbewahrungsfristen etc.). Die geltenden Vorschriften sollen den Beschäftigten in einer Richtlinie zur Geldwäschebekämpfung dargelegt und erläutert werden. Bei Beratungsbedarf sollten sich die Beschäftigten an eine zu benennende Auskunftsstelle wenden können.

5.7 Spenden, Sponsoring, Veranstaltungen

Es empfiehlt sich, für Spenden und vergleichbare Vorgänge (Sponsoring o. Ä.) ausdrücklich Freigabeerfordernisse zu definieren (z. B. ein Vier-Augen-Prinzip, vorherige Zustimmung der Geschäftsführung oder bestimmter Stellen in der Organisation). Die Geschäftsführung sollte vorab einen Plan über den Umgang mit Spenden o. Ä. verabschieden, in dem die Grundsätze transparent geregelt werden, etwa:

- Ausschluss von Spenden an bestimmte Empfänger,
- Höhe des Spendenbudgets,
- maximale Höhe von Einzelspender und
- Zweckbindungen.

Compliance-Themenfelder

Zum Zwecke der Transparenz und der Erzeugung von Vertrauen kann es sich empfehlen, diesen Plan nicht nur intern anzuwenden, sondern auch nach außen zu kommunizieren.

Alle Vorteilszuwendungen (Spenden, Einladungen, Werbegeschenke etc.) sind — unter Einbeziehung von Steuerexperten — daraufhin zu überprüfen, ob die Aufwendungen steuerlich abzugsfähig sind, um eine Steuerhinterziehung zu vermeiden.

> **BEISPIEL**
>
> **Dies ist nicht bei Geschenken aus privatem Anlass oder über einem bestimmten Wert möglich. Geldwerte Vorteile für eigene Mitarbeiter werden grundsätzlich als Arbeitslohn qualifiziert und unterliegen der Lohn- und Einkommensteuer sowie der Sozialabgabenpflicht.**

Es sollte klargestellt sein, dass Spenden oder Sponsoring-Zahlungen nicht mit einer Erwartungshaltung für eine konkrete Gegenleistung verbunden werden dürfen. Manche Unternehmen geben intern vor, dass keine Spenden- oder Sponsoring-Zahlungen an Organisationen erfolgen dürfen, mit denen zugleich Geschäftsbeziehungen bestehen.

Für Spenden o. Ä. sollte eine unbedingte Buchungspflicht gelten; in der Buchung sollte jeder Spendenvorgang vollständig und richtig wiedergegeben werden müssen. Entsprechende Buchhaltungsunterlagen müssen im Einklang mit den anwendbaren Standards und Grundsätzen ordnungsgemäßer Buchführung stehen und orientiert an den gesetzlichen Bestimmungen aufbewahrt werden.

Schließlich soll sichergestellt werden, dass diese Grundsätze auch von Dritten, die im Auftrag des Unternehmens tätig sind (z. B. Vertriebsagenten) verbindlich eingehalten werden.

5.8 Verbandstätigkeit

Verbände stellen häufig wertvolle Informationen zu den geltenden rechtlichen Vorgaben in einer bestimmten Branche zur Verfügung und sind so eine wichtige Quelle für die Identifizierung der anwendbaren Compliance-Vorgaben.

Bei der Verbandsarbeit sind jedoch auch kartellrechtliche Gesichtspunkte zu beachten, die sich in puncto Compliance auswirken können.

Verbandstätigkeit 5

Bereits ein Austausch zwischen Wettbewerbern über Informationen, die von Unternehmen normalerweise vertraulich behandelt werden, ist zum Schutz des sog. „Geheimwettbewerbs" kartellrechtlich problematisch. Ein solcher Austausch könnte als kartellrechtlich unzulässige abgestimmte Verhaltensweise ausgelegt werden. Dazu zählen u. a. Abstimmungen zu:

- Preisen bzw. Preisanpassungen,
- Rabatten,
- Kulanz-Maßnahmen,
- Umsatzzahlen,
- Margen,
- Marketingplänen,
- Kundenlisten,
- Kapazitäten,
- Investitionen und
- Marktstrategien etc.,

auch wenn keine Kartellabsprachen (Preisabsprachen, Markt- oder Kundenaufteilungen) vorliegen.

Die Gefahr eines Kartellverstoßes ist umso höher, wenn

- es sich um aktuelle Daten handelt, die konkret Unternehmen, Märkten oder einzelnen Produkten zugeordnet werden können, oder
- es sich um einen oligopolistischen Markt handelt.

Verbände dürfen für einen solchen Informationsaustausch kein Forum bieten; sie können anderenfalls — neben ihren Mitgliedern — selbst mit Kartellbußen belegt werden.

Viele Verbände haben bereits Verhaltensregeln eingeführt, die Kartellrechtsverstöße im Zusammenhang mit der Verbandstätigkeit vermeiden sollen. Sollte dies bei einem Unternehmensverband nicht der Fall sein, empfiehlt es sich, als Mitgliedsunternehmen darauf hinzuwirken, dass solche Verhaltensregeln eingeführt werden.

Manche Verbände sind dazu übergegangen, vor Verbandstreffen eine „Kartellrechtsbelehrung" vorzunehmen, um daran zu erinnern, welche Themen und Informationen tabu sind. Manche Verbände lassen sich von Mitgliedsfirmen gegenzeichnen, dass diese bei der Verbandstätigkeit kartellrechtliche Vorgaben einhalten.

Compliance-Themenfelder

Es empfiehlt sich, dass alle Themen von Verbandstreffen in einer Tagesordnung festgehalten werden, die nur kartellrechtlich zulässige Beratungs- und Informationspunkte enthalten darf. Inhaltlich offene Punkte (so z. B. Verschiedenes oder Erfahrungsaustausch) sollten, soweit möglich, vermieden werden. Die Ergebnisse der Verbandstreffen sollten in vollständigen und korrekten Protokollen festgehalten werden. Wenn ein Verband Beschlüsse trifft, bei denen kartellrechtliche Bedenken bestehen, müssen sich Mitgliedsunternehmen zur Vermeidung von kartellrechtlichen Sanktionen ausdrücklich von den getroffenen Beschlüssen distanzieren. Dies gilt auch für Mehrheitsentscheidungen der verbandsangehörenden Unternehmen, wenn ihr Unternehmen dem Beschluss nicht zugestimmt oder an der Beschlussfassung nicht teilgenommen hat. Die Verbandstätigkeit sollte unter diesem Aspekt laufend kritisch überwacht werden.

Es empfiehlt sich ferner, Kartellrechtsrisiken bei der Verbandstätigkeit von Unternehmensvertretern oder bei sonstigem Austausch mit Wettbewerbern systematisch zu analysieren. In einer Compliance-Richtlinie (z. B. „Kartellrechtsrichtlinie") sollten die Mitarbeiter allgemein über den Inhalt und Umfang des Kartellverbots und die Wichtigkeit der Beachtung aller anwendbaren Kartellgesetze aufgeklärt werden. Darin sollen ausdrücklich auch Leitlinien für den Umgang mit Wettbewerbern und Verhaltensgrundsätze für die Verbandsarbeit enthalten sein.

Die Kartellämter prüfen offensiver als früher die Arbeit von Verbänden mit Blick auf den Austausch von sensiblen Unternehmensinformationen. So wurden des Öfteren bereits im Zusammenhang mit Kartellabsprachen auch Räumlichkeiten von Verbänden durchsucht.

5.9 Lobbying

Lobbying bedeutet, gezielt Einfluss zu nehmen auf Entscheidungsträger in der Politik, bei Behörden oder Gesetzgebungsorganen.

Bei gemeinwohlorientierten Entscheidungsprozessen der Politik, bei Behörden oder Gesetzgebungsorganen ist es legitim, wenn Standpunkte und Interessen transparent eingebracht werden. Für Entscheidungsprozesse und die öffentliche Meinungsbildung kann verantwortungsvolle Lobbyarbeit hilfreich sein; es empfiehlt sich unter Compliance-Gesichtspunkten jedoch, dabei die nachfolgenden Regeln zu beachten.

5.9.1 Grundsätze für die Lobbyarbeit

Für die Lobbyarbeit sollte die Organisation sich interne Grundsätze geben, die folgende Aspekte beinhalten:

- Wahrhaftigkeit (insbesondere Verwendung von Informationen, die nach bestem Wissen und Gewissen der Wahrheit entsprechen, Ausschluss von bewussten Tatsachenverzerrungen und Falschinformationen),
- Offenheit und Transparenz hinsichtlich des Auftraggebers, Maßnahmen, Geschäftsinteressen und Gründen für die Lobbyarbeit,
- Diskretion bezüglich des Informationsaustausches und
- Integrität (Ausschluss von unlauteren Methoden wie finanzielle oder geldwerte Anreize, Vermeidung von Irreführungen, keine Verleitung anderer Personen, gegen für sie geltende Regeln zu verstoßen).

Manche Organisationen entschließen sich, die internen Grundsätze, Verhaltensstandards oder Selbstverpflichtungen für die Lobbyarbeit öffentlich zu machen (z. B. als „Verhaltenskodex für verantwortungsvolles Lobbying"). Dies erhöht das Vertrauen in die Lobbyarbeit der Organisation.

5.9.2 Offenlegung der Budgets bzw. Gesamtkosten für die Lobbyarbeit

Als weiterer Schritt zur Herstellung von Transparenz bei der Lobbyarbeit und zur Erzeugung von Vertrauen bietet sich die Offenlegung der Budgets, die für Lobbyarbeit verwendet werden, bzw. der hierfür aufgewendeten Ausgaben an.

5.9.3 Geltung der Standards für alle Beteiligten

Alle geltenden internen und externen Verhaltensrichtlinien, Selbstverpflichtungen, Verbandsstandards o. Ä. sollten den Mitarbeitern, die mit Lobbying-Aktivitäten befasst sind, bekannt sein. Die Beachtung der Standards sollte mit diesen Personen verbindlich vereinbart werden (z. B. im Anstellungsvertrag, in einer Aufgabenbeschreibung o. Ä.).

5.9.4 Externe Standards für Lobbyarbeit

Verschiedene externe Organisationen haben Verhaltensrichtlinien, Selbstverpflichtungen, Verbandsstandards eingeführt, die für die Lobbyarbeit bei dieser Organisation gelten. Die eigene Organisation sollte diese Regelungen kennen und beachten. Beispielsweise sehen die Regeln der EU-Kommission vor, dass Lobbyisten stets Folgendes zu beachten haben:

- Sie nennen sich namentlich und geben den Namen der Organisation(en) an, für die sie tätig sind oder die sie vertreten.
- Sie machen über sich selbst keine falschen Angaben im Hinblick auf die Registrierung, um Dritte und/oder EU-Bedienstete zu täuschen.
- Sie geben an, welche Interessen und ggf. welche Klienten oder Mitglieder sie vertreten.
- Sie stellen sicher, dass die von ihnen bereitgestellten Informationen nach ihrem besten Wissen unverzerrt, vollständig, aktuell und nicht irreführend sind.
- Sie beschaffen sich nicht auf unlautere Weise Informationen oder erwirken auf unlautere Weise Entscheidungen und unternehmen keine diesbezüglichen Versuche.
- Sie verleiten EU-Bedienstete nicht dazu, gegen die für sie geltenden Regeln und Verhaltensnormen zu verstoßen.
- Sie respektieren, falls sie ehemalige EU-Bedienstete beschäftigen, deren Pflicht, die für sie geltenden Regeln einzuhalten und ihrer Geheimhaltungspflicht zu genügen.

5.9.5 Lobbyisten-Register

Bestimmte Organisationen (z. B. das EU-Parlament, die EU-Kommission, der Deutsche Bundestag) haben ein Lobbyisten-Register eingeführt, das die Transparenz bezüglich der Lobbyarbeit erhöhen soll. Diese Register geben z. B. Auskunft über Umsätze und Auftraggeber von Lobbyisten sowie die Kosten der Lobbyarbeit. Lobbying-Organisationen müssen ggf. offenlegen, wie viele Mitarbeiter sie beschäftigen und ob sie Mittel von der Organisation erhalten, bei der sie Lobbying betreiben. Freien Zugang zu der Organisation erhalten Lobbyisten unter Umständen nur, wenn sie im Lobbyisten-Register registriert sind. Auch wenn Lobbyisten-Register in der Regel freiwillig sind, empfiehlt sich für eine seriöse Lobbyarbeit die Registrierung in den relevanten Registern. Verstöße gegen Verhaltensstandards können u. a. zu einer Streichung aus dem Register führen.

5.9.6 Einschaltung von externen Personen für die Lobbyarbeit

Das Verhalten von externen Dienstleistern, die mit Lobbyarbeit für das Unternehmen betraut werden, wird letztlich dem Unternehmen zugerechnet. Fehlverhalten kann daher den Ruf des Unternehmens gefährden. Es empfiehlt sich daher, externe Lobbying-Dienstleister (z. B. Agenturen, Anwaltskanzleien, Beratungsfirmen) vertraglich auf Mindeststandards zu verpflichten, welche Verhaltensgrundsätze einzuhalten sind, welche Vorgehensweisen statthaft und welche ausdrücklich ausgeschlossen sind. Sie müssen ihrem Auftraggeber verpflichtet sein und müssen darauf festgelegt werden, jegliche (möglichen) Interessenskonflikte unverzüglich offen zu legen. Es muss ausgeschlossen sein, dass ein Lobbying-Dienstleister gleichzeitig widerstreitende Interessen für verschiedene Auftraggeber vertritt. Beim Unternehmen bestehende interne Verhaltensgrundsätze sollen ausdrücklich auch Geltung für externe Lobbying-Dienstleister haben.

6 Exkurs: Compliance im Umweltschutz
(Autor: Peter Duschek)

Umweltschutz im unternehmerischen Umfeld hat das Ziel, die Auswirkungen von betrieblichen Aktivitäten auf die Umwelt zu minimieren. Im Umweltschutzrecht besteht die sog. Beweislastumkehr. Das bedeutet, dass Unternehmen im Schadensfall nachweisen müssen, dass sie sich zum entsprechenden Zeitpunkt an das geltende Umweltrecht gehalten haben, also in diesem Bereich „compliant" waren.

6.1 Ein Praxisfall

Das folgende Beispiel zeigt eine typische umweltschutzrelevante Situation, die zu einer Haftung führen kann.

> **BEISPIEL**
>
> Ein Unternehmen der chemischen Industrie betreibt eine Abwasserreinigungsanlage, die aus mehreren Behandlungs- und Puffertanks besteht. Um Inspektions- und Wartungsarbeiten durchführen zu können, müssen zwei Tanks außer Betrieb genommen werden. Damit ist die Abwasserreinigungsanlage nicht mehr voll betriebsfähig. Es muss eine Abwassermenge von ca. 5 cbm anderweitig behandelt oder abgeleitet werden. Dem Geschäftsführer (GF) wird das Thema auf der wöchentlichen Führungskräfterunde (FKR) vorgestellt. Er bittet den Betriebsleiter, den genauen Zeitraum für eine Alternativlösung zu bestimmen und einen Lösungsvorschlag bis zur nächsten FKR zu unterbreiten.
> Der Betriebsleiter (BL) bespricht sich mit seinem Meister, der auch die Abwasseranlage betriebstechnisch betreut, wie das Thema gelöst werden kann. Der BL besinnt sich auf seine guten Kontakte zur kommunalen Abwasserbehandlungsanlage und fragt den dortigen Geschäftsführer (GF), ob sie für einige Tage ca. 5 cbm unbehandeltes Abwasser einleiten dürfen. Die Ableitung zur kommunalen Anlage kann nach Einschätzung des Werkleiters über eine alte Abwasserleitung geschaltet werden, die zwar seit ca. 10 Jahren nicht mehr benutzt wurde, aber noch bestehen müsste. Der GF der kommunalen Anlage stimmt dem Vorschlag zu, zeitlich befristet eine bestimmte Menge an nicht vorbehandeltem Abwasser anzunehmen. Der BL weist daraufhin seinen Meister an, zu einem bestimmten Zeitpunkt die notwendigen Tanks außer Betrieb zu nehmen und die Abwasserströme entsprechend umzuleiten. Der Meister

Exkurs: Compliance im Umweltschutz (Autor: Peter Duschek)

wiederum gibt diese Anweisung an einen seiner Mitarbeiter, der die Arbeiten am darauffolgenden Montag durchführen soll. Der BL gibt seine Idee und Entscheidung dem GF auf der nächsten FKR weiter, der sie akzeptiert und um Rückmeldung bei Erledigung bittet.
An dem ausgewählten Tag erfolgt die Ausführung gemäß den Anweisungen des BL bzw. des Meisters, und der Betrieb läuft ohne Einschränkungen weiter. Am nächsten Tag steht die Polizei vor dem Werktor, will Gewässerproben ziehen und außerdem den GF sprechen. Bei diesem Gespräch erfährt der GF, dass ihm Gewässerverunreinigung vorgeworfen wird. Auf dem naheliegenden Fluss würden erhebliche Mengen an ölartigen Verschmutzungen aufschwimmen. Daraufhin weist der GF sofort den Gesamtbetrieb an, alle Tätigkeiten einzustellen und fordert alle Betriebsleiter auf, sofort nach möglichen Ursachen einer Verunreinigung zu suchen. Relativ schnell wird rückgemeldet, dass aus einem Uferbereich in der Nähe der Abwasseranlage scheinbar größere Mengen an Abwasser austreten bzw. ausgetreten sind.
Die nachfolgenden Ermittlungen ergeben, dass die alternativ gewählten Rohrleitungen zwar noch vorhanden, aber nicht mehr dicht waren. So sind offensichtlich die Abwassermengen nicht an die kommunale Abwasseranlage geleitet worden, sondern durch die undichten Rohre in den Boden und von dort in den Fluss gesickert.

Es handelt sich im Beispielsfall u. a. um eine Gewässerverunreinigung nach § 324 StGB. Bei der Prüfung, ob die Voraussetzungen für ein schuldhaftes Handeln und somit einen Complianceverstoß **nicht** vorliegen, müssen folgende Fragen mit Nein beantwortet werden können:

- Liegt ein Verstoß gegen ordnungswidrigkeits- oder strafrechtliche Vorgaben vor?
- Besteht ein Zusammenhang zwischen dem Tun bzw. dem Unterlassen und dem sog. tatbestandlichen Erfolg (hier also der Gewässerverschmutzung)?
- Handelt es sich um eine vorwerfbare und schuldhafte Pflichtverletzung?

Berücksichtigt man dann noch die folgenden „Rollen" der Verantwortlichen nach §§ 13 und 14 StGB sowie §§ 8 und 9 OWiG, und zwar die:

- Garantenstellung (Aufgaben mit Entscheidungsbefugnissen),
- Beauftragung zur Leitung des Betriebs,
- eigenverantwortliche Wahrnehmung der dem Inhaber obliegenden Aufgaben, § 9 Abs. 2 OWiG,

ergibt sich für die im Beispiel agierenden Personen folgendes Bild:

Nr.	Funktion	Straftat / Verstoß		
		§ 324 StGB (Gewässerverunreinigung)	§ 324a StGB (Bodenverunreinigung)	Verletzung von Aufsichts- und Kontrollpflichten
1	Geschäftsführer	Ja	Ja	Ja
2	Betriebsleiter	Ja	Ja	Ja
3	Meister	Nein	Nein	Nein (?)
4	Mitarbeiter Bereich Abwasseranlage	Nein	Nein	Nein
5	Gewässerschutzbeauftragter	Nein	Nein	Nein
6	GF Kommunale Kläranlage	Nein	Nein	Nein

- **Betriebsleiter:** Ihm ist ein schuldhaftes Verhalten bzw. Unterlassen vorzuwerfen, da er in seiner leitenden Funktion die Aufgabe und Pflicht hat, die Auswirkungen des Tuns auf Risiken zu überprüfen. In diesem Fall war er ja sogar derjenige, der die Maßnahme entwickelt und entsprechend eingeleitet hat. Ihm ist konkret vorzuwerfen, dass er den Zustand der unterirdischen Leitungen nicht hat vorher überprüfen lassen. Eine Überprüfung der Pläne über die Grundstücksentwässerung hätte ja eventuell schon ausgereicht. Somit ist sein Nicht-Tun ursächlich für die Gewässerverunreinigung.
- **Geschäftsführer:** Dem Geschäftsführer obliegt die Organisationspflicht, die vom Werkleiter vorgeschlagenen Maßnahmen auf ihre Auswirkungen hin zu bewerten bzw. bewerten zu lassen. Er hätte also z. B. die Einbindung des Gewässerschutzbeauftragten anordnen oder sich von ihm sogar direkt berichten lassen können. Ebenso hätte er eine vorhergehende Überprüfung und begleitende Kontrolle der Maßnahme anordnen müssen.

Die beiden Verantwortlichen wären in diesem Fall je nach Schwere der Gewässerverunreinigung zu einer Haft- oder zu einer Geldstrafe verurteilt worden. Dabei wäre die Höhe der Strafe je nach Funktion wahrscheinlich unterschiedlich ausgefallen.

- **Mitarbeiter und Meister:** Beide wurden über die Ausführung der geplanten Tätigkeit unterrichtet und nicht in die vorherigen Besprechungen eingebunden. Ist dies bei dem Mitarbeiter noch nachvollziehbar, erscheint es zumindest auf Ebene des Meisters fraglich, ob dies nicht hätte geschehen müssen. Im Sinne eines transparenten und effektiven Compliance-Managements hätte diese Kommunikation dringend stattfinden müssen.

Exkurs: Compliance im Umweltschutz (Autor: Peter Duschek)

> **! WICHTIG**
>
> Ständige Kommunikation ist unerlässliches Mittel eines funktionierenden und vor allem nachvollziehbaren Compliance Management Systems. Ohne Kommunikation keine Compliance!

Aber hätten der Meister und der Mitarbeiter von sich aus die Entscheidungen hinterfragen müssen?

Nach § 8 Abs. 2 Satz 2 BAT „kann sich der Angestellte bei der Befolgung dienstlicher Anordnungen grundsätzlich darauf verlassen, dass diese rechtmäßig sind und deren Befolgung keine haftungsrechtlichen Konsequenzen hat" (siehe hierzu Wolfgang Hamer, BAT Basiskommentar, 2. Aufl. 1999, § 8 Rn. 30).

Hätte einer von beiden von dem desolaten Zustand der unterirdischen Leitungen gewusst, hätte man in der Tat den Fall anders bewerten können. Mitarbeiter sind selbstverständlich verpflichtet, über ihnen bekannte unsichere Zustände in der Anlage den unmittelbaren Vorgesetzten zu informieren. Es besteht aber auf dieser Ebene keine Verpflichtung, Anweisungen von Vorgesetzten grundsätzlich in Zweifel zu ziehen, insofern liegt also kein vorwerfbares Handeln beim Mitarbeiter und beim Meister vor.

- **Gewässerschutzbeauftragter:** Im Beispiel oben ist er an keiner Stelle erwähnt worden, da er überhaupt nicht informiert worden ist. Da er auch nicht Teilnehmer an den erwähnten Sitzungen war, gab es für ihn auf dieser Ebene auch keine Möglichkeit, gezielt nachzufragen. Aus seinem erkennbar nicht fehlerhaften Verhalten ist daher kein Vorwurf ableitbar.
- **GF der Kläranlage:** Er hat auf Nachfrage nur bestätigt, dass seine Anlage in der Lage ist, für einen überschaubaren Zeitraum eine zusätzliche Menge an unbehandeltem Abwasser aus dem Werk verarbeiten zu können. Wie das Abwasser dorthin gelangt, war in diesem Fall nicht sein Zuständigkeitsbereich. Hier besteht also absolut keine Verantwortung für den Bereich der betrieblichen Abwasseranlage.

6.2 Interne Kommunikation als Schlüssel

Wie auch schon in den anderen Kapiteln des Buches dargestellt, zeigt sich auch hier: Nur mit einer gut funktionierenden internen Kommunikation kann es gelingen, dauerhaft einen sehr guten „Compliance-Zustand" in einem Unternehmen zu erreichen und zu halten. Zentral dabei ist ein systematischer Workflow, um „Tagesdelegationen" zu verhindern. Damit sind Anweisungen gemeint, die auf den ersten Blick „mal eben schnell so gemacht werden können". Hierin liegt eine Gefahr, in unsichere Situationen zu kommen und „nicht-compliant" zu handeln. Solche unsystematischen Abläufe können zu Betriebsstörungen, Arbeitsunfällen und Umweltschäden führen, wie das Beispiel oben verdeutlicht. Denn eigentlich haben wir es in dem Fall mit einem wiederkehrenden und daher idealerweise geregelten Vorgang zu tun: der Wartung und Instandhaltung von Tankanlagen, die dem Wasserhaushaltsgesetz unterliegen. Dafür muss ein dokumentierter Workflow vorliegen, der den grundlegenden Ablauf und die dabei eingebundenen Abteilungen und Verantwortungen regelt.

6.3 Definierte Verantwortlichkeiten

Die Regelung der Verantwortlichkeiten in einem Workflow ist ureigene Aufgabe der Geschäftsleitung. Sie ist nicht dafür zuständig, die Details auszuarbeiten, aber sie muss dafür sorgen, dass ein solcher Workflow implementiert wird. Im Beispiel hätte die Besonderheit der Abwasserumleitung auch eines besonderen Ablaufs bedurft:

- Es muss eine Anweisung geben, das alte Rohrnetz vor Inbetriebnahme zu überprüfen.
- Eine beteiligte Führungskraft muss dafür sorgen, dass der Gewässerschutzbeauftragte involviert und vorab um Stellungnahmen gebeten wird.
- Die Umleitung der Abwasserströme muss kontrolliert werden.

Die fehlende Einbindung des Gewässerschutzbeauftragten ist leider beispielhaft für viele vergleichbare Vorfälle. Mit den Umweltschutzbeauftragten haben viele Unternehmen aber schon wichtige strukturelle Elemente von Compliance zum Umweltschutz im Haus, die nicht nur kontrollieren, sondern darüber hinaus vor allem fachlich einen enormen Beitrag zur Rechtssicherheit leisten können.

Ein CMS im Umweltschutz basiert im Wesentlichen auf den rechtlichen Vorschriften und Genehmigungen in dem Bereich. Der Erfolg beruht aber darauf, dass aus den geltenden Vorschriften konkrete Pflichten formuliert, delegiert und dokumentiert umgesetzt werden. Aus den Pflichten muss transparent hervorgehen, wer was wann wie zu tun hat. Der Aufbau und der Inhalt eines CMS im Umweltschutz beruhen auf der Kenntnis der Pflichten, der ausreichenden Schulung und Information aller Mitarbeiter und einer ständigen Kontrolle und Anpassung der Strukturen.

Da es sich hierbei um eine große Anzahl an Pflichten handeln kann, die die Mitarbeiter zum Teil über ihre eigentliche Arbeit hinaus erfüllen müssen, kann es leicht

Exkurs: Compliance im Umweltschutz (Autor: Peter Duschek)

zur Überforderung kommen nach dem Motto „Was soll ich denn noch alles tun?". Die Unternehmensleitungen müssen daher auch insofern ihrer Organisations- und Sorgfaltspflicht nachkommen, indem sie ausreichend personelle Ressourcen zur Verfügung stellen. Dies kann durch interne Kräfte erfolgen, aber auch durch externe Unterstützung von Fachfirmen. Auch datenbankgestützte IT-Systeme und Workflow-Tools zur Erstellung von Rechtskatastern und zum Pflichtenmanagement können hierbei sehr hilfreich sein. Sie gewährleisten aber nicht automatisch Compliance-Sicherheit. Sie müssen befüllt, bearbeitet und gelebt werden.

Der Vorteil im Umweltschutz besteht darin, dass es bereits eine Compliance-Kultur gibt. Alle Umweltschutzbeauftragten haben Aufklärungs-, Beratungs- und Kontrollfunktion. Sie arbeiten als Mediator und Informationsgeber.

Wichtig ist, dass zum Projektstart eine ehrliche Bestandsaufnahme im Unternehmen stattfindet, die sowohl Lücken als auch vorhandene Strukturen aufnimmt und positiv nutzt. Bestehende Beauftragte, Managementsysteme nach ISO 14001 (Umwelt) oder 50001 (Energie) und Kommunikationsstrukturen müssen unbedingt genutzt und weiter ausgebaut bzw. angepasst werden. Damit ist bereits ein großer Teil der Arbeit geleistet.

Da Compliance im Umweltschutz aber nur einen Teilbereich der gesamten Unternehmenscompliance ausmacht, ist eine Einbettung der Compliance-Aktivitäten in ein unternehmensweites Compliance Management System unerlässlich.

Der Erfolg des CMS muss durch die Unternehmensführung kontinuierlich kontrolliert werden, wodurch die Bedeutung des Themas auf oberster Ebene unterstrichen wird.

Die vorherigen Kapitel haben es gezeigt: Zwar funktioniert ohne Wissen um die einschlägigen Vorschriften Compliance nicht, unverzichtbare Voraussetzung von Compliance ist jedoch auch die Bereitschaft aller Beschäftigten zur Kooperation bei allen Tätigkeiten, Handlungen und Maßnahmen hierzu, z. B. die Zuverlässigkeit, mit der Anweisungen befolgt werden. Compliance ist abhängig von der Persönlichkeit der jeweiligen Mitarbeiter, dem Verständnis für das Thema, dem Kontrolldruck der Vorgesetzten, dem Verhältnis zwischen Mitarbeiter und Vorgesetztem, der Anzahl und Komplexität der Anweisungen, und eventuell erforderlichen Verhaltensänderungen.

Compliance ist eigentlich kein neues Thema. Von daher ist davon auszugehen, dass jedes Unternehmen bereits — bewusst oder unbewusst — Compliance-Aktivitäten betreibt. Neu ist die Intensität, wie derartige Themen durch Behörden, Auditoren und die Öffentlichkeit verfolgt werden. Die mediale Aufmerksamkeit ist größer ge-

Definierte Verantwortlichkeiten 6

worden. Ebenso die Detailtiefe, mit der jetzt auch Anforderungen von bisher kaum beachteten Vorgaben und Richtlinien nachverfolgt und bestraft werden — Stichwort: „Vollständigkeit von Rechtskatastern und Pflichtenkatalogen".

Unternehmen haben es vor allem mit folgenden Anforderungen zu tun:

- Externe Anforderungen (Kundenanforderungen, Öffentlichkeit)
- Genehmigungsbedingungen und Nebenbestimmungen (u. a. BImSchG, BauG, WHG)
- Rechtsvorschriften (Gesetze, Verordnungen, Technische Regeln etc.)

Abb. 1: Anforderungen des betrieblichen Compliance-Managements im Umweltschutz

Die Größe der Rechtecke ist abhängig von Anzahl und Relevanz der Vorgaben im Unternehmen. Ein Verstoß gegen Anforderungen der beiden unteren Rechtecke zieht ein straf- oder ordnungswidrigkeitsrechtliches Verfahren nach sich. Ein Verstoß gegen Anforderungen des oberen Rechtecks kann massive ökonomische Einbußen zur Folge haben.

Mit Compliance-Maßnahmen und einem Compliance Management System sollen betriebliche Risiken erkannt, abgestellt und damit eine Haftung vermieden werden.

Exkurs: Compliance im Umweltschutz (Autor: Peter Duschek)

6.4 Elemente eines effektiven Compliance-Managements

Es ergeben sich folgende Anforderungen an ein erfolgreiches und effektives Compliance Management System (CMS):

Nr.	Anforderungen	Umsetzung durch	Verantwortungsbereich
1.	Bereitschaft aller Mitarbeiter	Kenntnisse über die Anweisungen und ihre Inhalte = Schulung aller Mitarbeiter	- GF und Führungskräfte - Mitarbeiter
2.	Verständnis für das Thema	Kenntnisse über die Anweisungen und ihre Inhalte = Schulung + ständige und regelmäßige Kommunikation darüber	Mitarbeiter
3.	Zuverlässigkeit von allen, dass die Anweisungen/Maßnahmen befolgt werden	- Kontrolle durch die Vorgesetzten - Überprüfung durch Audits	GF und Führungskräfte
4.	Kontrolldruck durch die Vorgesetzten	- Kontrollfunktion der Führungskräfte auf allen Ebenen - Ausreichend personelle Umsetzung sicherstellen (auch mit Hilfe externer Experten)	GF und Führungskräfte
5.	Verhältnis Vorgesetzter — Mitarbeiter	Teamorientierter Führungs- und Kommunikationsansatz	GF und Führungskräfte
6.	Anzahl, Komplexität und Verständlichkeit der Anweisungen	Klarheit und Übersichtlichkeit der Anweisungen und der Pflichten	- GF und Führungskräfte - Managementbeauftragte
7.	Erforderliche Verhaltensänderungen	- Motivation aller Mitarbeiter - Regelmäßige Kommunikation	- GF und Führungskräfte - Mitarbeiter

Abkürzungsverzeichnis

Abs.	Absatz
AGG	Allgemeines Gleichbehandlungsgesetz
AktG	Aktiengesetz
ArbSchG	Arbeitsschutzgesetz
ASiG	Arbeitssicherheitsgesetz
AufenthaltsG	Gesetz über den Aufenthalt, die Erwerbstätigkeit und die Integration von Ausländern im Bundesgebiet
AÜG	Arbeitnehmerüberlassungsgesetz
AZG	Arbeitszeitgesetz
BBiG	Berufsbildungsgesetz
BDSG	Bundesdatenschutzgesetz
BetrVG	Betriebsverfassungsgesetz
BGB	Bürgerliches Gesetzbuch
bzw.	beziehungsweise
EBRG	Gesetz über Europäische Betriebsräte
EStG	Einkommensteuergesetz
evt.	eventuell
FATF	Financial Action Task Force on Money Laundering
GenDG	Gesetz über genetische Untersuchungen bei Menschen
GewO	Gewerbeordnung
ggf.	gegebenenfalls
GPS	Global Positioning System, Globales Navigationssatellitensystem
GWB	Gesetz gegen Wettbewerbsbeschränkungen
GwG	Geldwäschegesetz
InvG	Investmentgesetz
JArbSchG	Jugendarbeitsschutzgesetz
KWG	Kreditwesengesetz
LadSchlG	Ladenschlussgesetz

Abkürzungsverzeichnis

MuSchG	Mutterschutzgesetz
o. Ä.	oder Ähnliche(s)
OECD	Organisation for Economic Co-operation and Development
OWiG	Ordnungswidrigkeitengesetz
RDG	Rechtsdienstleistungsgesetz
SchwarzArbG	Schwarzarbeitsgesetz
SGB IV	Sozialgesetzbuch Viertes Buch — Gemeinsame Vorschriften für die Sozialversicherung
SGB IX	Sozialgesetzbuch Neuntes Buch — Rehabilitation und Teilhabe behinderter Menschen
SGB VII	Siebtes Buch Sozialgesetzbuch — Gesetzliche Unfallversicherung
sog.	so genannte/r
StGB	Strafgesetzbuch
TMG	Telemediengesetz
u. a.	unter anderem
USSG	United States Sentencing Guidelines
VAG	Gesetz über die Beaufsichtigung der Versicherungsunternehmen
vgl.	vergleiche
VOB/A	Verdingungsordnung für Bauleistungen, Teil A
VOL/A	Verdingungsordnung für Leistungen, Teil B
VVG	Versicherungsvertragsgesetz
WpHG	Gesetz über den Handel mit Wertpapieren
z. B.	zum Beispiel
ZAG	Gesetz über die Beaufsichtigung von Zahlungsdiensten

Der Autor

Rechtsanwalt Dr. Tilman Eckert, LL.M. (University of Virginia), MBA (OPEN University), ist als Berater und Interim Manager schwerpunktmäßig in den Bereichen Compliance, Unternehmenskäufe (M&A), Post-Merger Integration, Kooperationen, Joint Ventures, Restrukturierungen und Börsengänge tätig. Im Bereich Compliance verfügt er über langjährige Erfahrungen im Aufbau von Compliance-Organisationen, dem Verfassen von Compliance-Richtlinien und deren weltweiter Umsetzung, der Durchführung von Compliance-Schulungen, Risk Assessments, Compliance Due Diligences und -Audits. Er ist Autor der Compliance Self-Assessments „Compliance Care" (www.compliance-care.org). Ferner hat er den Standard für Compliance Management Systeme (TR CSM 101:2011) verfasst und zahlreiche Beiträge zum Thema veröffentlicht. Nach zehnjähriger unternehmensinterner Tätigkeit in verantwortlichen Funktionen begleitet er seit 2005 namhafte mittelständische Unternehmen und internationale Konzerne auf selbstständiger Basis bei strategischen Projekten.

Anregungen und Fragen zum Buch? Der Autor freut sich über Zuschriften per E-Mail an compliance@haufe.de.

Stichwortverzeichnis

A

Ablaufplan, Korruption	71
Adressdatenhandel	93
Anpassungsbedarf	28
Anti-Korruptionsbeauftragter	73
Anti-Korruptionsrichtlinie	64
Arbeitnehmerüberlassung	143
Arbeitnehmervertreter	144
Audits	55, 166
Aufbewahrungsfrist	165
Aufbewahrungspflichten	54
Aufklärung von Verstößen	56
Aufsichtspflicht	16, 58
Auftragsdatenverarbeitung	100, 116
Aufzeichnungspflichten	165
Auskunftsverweigerungsrecht	73
Ausländer	137
Ausschreibungen	27, 88
Ausschreibungsregeln	84
Auszubildende	136

B

Background Checks	110
Banken	27
barrierefreie Gestaltung	140
Bedarfsmeldungen	87
Benachteiligungsverbot	122
Berichterstattung	48
Berichtslinie	43
Beschaffungsprozesse	84
Beschäftigtendaten	110
Beschäftigungsquote	126
Beschwerderecht, AGG	123
Bestandsaufnahme	35
Bestechung	19
Bestechungsversuche	70, 87
Betriebshaftpflichtversicherung	27
Betriebsprüfer, Meldepflicht	20
Betriebsrat	113
Beweislast	125, 127
Beweislastumkehr	175
Bewerbungsgespräch	126
Bruttoprinzip	20
Buchungen	68
Buchung, Spenden	168
Buchungsvorgänge	72

C

Case Handling	46
Chinese Walls	30
Clean-up costs	22
Code of Conduct	78
Compliance Action Plan	35
Compliance-Aufsicht	21
Compliance, Definition	15
Compliance-Helpdesk	32
Compliance-Hotline	32, 48, 89
Compliance-Kultur	17, 25
Compliance Management System	15
Compliance Monitorship	21
Compliance-Organisation	40
Compliance-Richtlinien	36
Compliance Risk Assessment	34
Compliance Risk Monitoring	34
Compliance-Vorgaben	36
Compliance-Zuständigkeit	41
Corporate Social Responsibility	27

D

Datengeheimnis	96
Datenpannen	114
Datenschutz	90

Stichwortverzeichnis

Datenschutz-Audit	117
Datenschutzbeauftragter	100
Datenschutzbericht	120
Datenschutzbeschwerde	115
Datenschutzrichtlinie	95
Datenschutz-Schulung	104
Datenübermittlung, Ausland	98
dezentrale Compliance-Verantwortliche	45
Diskriminierung	76, 122
Dokumentation	47
D&O-Versicherung	27
Due-Diligence-Prüfung	80

E

Einführungsprogramm	51
Einkauf	82
Einwilligung, datenschutzrechtliche	92
E-Learning	104
Eskalationsanleitung	59
Ethikkodex	36
Europäischer Betriebsrat	145
Evaluierung	60

F

Fallstudien	52
Finanzbuchhaltung	73
Forensik-Dienstleister	57
Formerfordernis	93
Frauenquote	126
Freigaberegelungen	86
Funktionsübertragung	116

G

Gap Analysis	35
Gefährdungsbeurteilung	128
Geheimwettbewerb	169
Geldwäsche	147
Geldwäschebeauftragter	153
genetische Untersuchung	138
Geschäftspartnerüberprüfungen	54
Geschenke	81
Gesprächsprotokoll	124
Gewerbezentralregister	21
grenzüberschreitende Vermögensübertragung	167

H

Hacking-Angriffe	113

I

Identifizieren	156
IKS	76
Imageschaden	22
Indizien Geldwäsche	148
informationelles Selbstbestimmungsrecht	90, 138
Integritätserklärung	83
Interessenskonflikte	30, 42, 85
interne Ermittlungen	56
IT-Endgeräte, private	96
IT-gestützte Analysen	72

J

Jailbreaks	97
Job Rotation	70, 82, 86
Jugendarbeitsschutz	135

K

Kartellabsprachen	169
Kartellrechtsbelehrung	169
Kommunikation nach außen	26
Kommunikationskultur	25
Kommunikationsstrategie	59, 71
Konsequenzen für Unternehmen	20
Kontenplan	73
konzernweite Umsetzung	23
Konzessionsentzug	20
Korruption, Definition	63
korruptionsanfällige Bereiche	69
Korruptionsregister	20
Kronzeugenregelung	75
Kundenbindung	27

Kundenbindungsmaßnahmen	82
Kündigung	74

L

Lobbying	170
Lobbyisten-Register	172
Lohnsteuer	141
Loyalitätskonflikte	42

M

Management Review	29
Markt- oder Meinungsforschung	94
Maßnahmenplan	35
Maßregelungsverbot	127
Mehr-Augen-Prinzip	86
Minderheitsbeteiligung	24
Mindeststandards, arbeitsrechtliche	146
Mitbestimmungsrechte	38, 144
Mitwirkungsrechte	139
Mobbing	125
Monitoring	161
Mutterschutz	135

N

Nebentätigkeit	85, 127
Need-to-Know-Prinzip	30, 106
Negativauskunft	109
Notfallplan	59
Null-Toleranz-Politik	24, 75
Nummernkonten	81

O

Open Door Policy	25
Opt-in-Lösung	93
Organigramm	30
Outsourcing	46

P

Persönlichkeitsrecht	75, 111
Provisionen	79
Prozessdefinition	39
Punitive Damages	34

Q

Qualifikation Compliance-Verantwortlicher	43

R

Rasterabgleich	112
Rechnungsprüfung	70
Rechtsabteilung	41
Rechtskataster	33
Reisekostenabrechnung	81
Reporting	48
Ressourcen	44
Risikoanalyse	34
Risiko-Matrix	35
Risikoüberwachungssystem	76
Rufschädigung	21

S

Sanktionen	20
Sanktionen bei Korruption	74
Scheinselbstständige	141
Schmiergeld	19, 72
Schulungen	52, 78, 166
Schwarzarbeit	136
schwarze Kassen	73
Schwerbehinderte	139
Selbstaufklärung	56
Smurfing	152
Social Compliance	147
Sozialversicherungsbeiträge	141
Spenden	167
Spesen	81
Sponsoring	167
Staatsanwaltschaft	164
Stakeholder	26
Stellenausschreibung	123
steuerliche Betriebsprüfung	72

Stichwortverzeichnis

Steueroasen	81
Strafmilderung	75
Straftaten, Aufklärung	111
Strafvereitelung	56, 72
Strafverfolgungsbehörden	75
Strohmänner	158
Subunternehmer	137

T

Terrorismusfinanzierung	148

U

Umsetzung	23, 29
Umweltschutz	175
Unschuldsvermutung	75
unternehmensexterne Anlaufstellen	49
Unternehmensleitung	16
Unternehmensorgane	47
Untersuchungshaft	56
Untreue	73

V

Verantwortlichkeiten, Festlegung	30
Verbandsstrafe	20
Verbandstätigkeit	168
Verdachtsmeldung	163

Vergaberegeln	84
Vergütungsmodelle	81
Verhaltensrichtlinien	36
Verschwiegenheitspflichten	89
Versicherungsunternehmen	138
Vertragsprüfungen	80
Vertragsstandards	80
Vertrauensverlust	22
Vertraulichkeitsbereich	30
Vertrieb	77
Vertriebsrichtlinie	78
Vier-Augen-Prinzip	39
Vorfallsmanagement	46

W

Wettbewerbsvorteil	27
Whistleblowing	38
Widerspruchsrecht	94
Wiederholungsaudits	58

Z

Zahlungsfreigaben	70
Zugangskontrolle	105
Zugriffskontrolle	105
Zutrittskontrolle	105

€ 34,95 [D]
ca. 224 Seiten
ISBN 978-3-648-03785-0
Bestell-Nr. E00245

Burnout: So tun Sie das Richtige

Burnout von Mitarbeitern ist für jedes Unternehmen ein sensibles Thema. Das Buch vermittelt Hintergrundwissen und gibt konkrete Handlungsempfehlungen für die Präventionsarbeit und den Umgang mit betroffenen Mitarbeitern.

> Hintergrundwissen: Burnout und der Burnoutzyklus
> Dem eigenen Burnout vorbeugen
> Mitarbeiterführung im Burnout-Kontext
> Gesundheitsmanagement im Unternehmen umsetzen
> Mit Arbeitshilfen online: Interviews, Umsetzungsbeispiele und Best-Practice-Cases

Jetzt bestellen!
www.haufe.de/shop (Bestellung versandkostenfrei),
0800/50 50 445 (Anruf kostenlos) oder in Ihrer Buchhandlung

HAUFE.

€ 49,95
ca. 320 Seiten
ISBN 978-3-648-04040-9
Bestell-Nr. E01637

Die fünf wichtigsten Führungstechniken

Das Buch zeigt, warum die klassischen Managementmethoden der Top-down-Führung in täglich wachsenden Netzwerken immer weniger funktionsfähig sind. Detailliert werden die fünf wichtigsten Führungstechniken erläutert, welche die veraltete Führungskultur ablösen.

> Network Leadership im Unternehmen
> Virtuelle Teamführung durch Management 2.0
> Selbstführung: Das psychologische Kapital einsetzen
> Den eigenen Arbeitsbereich mitdefinieren und ein erfülltes Arbeitsleben führen

Jetzt bestellen!
www.haufe.de/fachbuch (Bestellung versandkostenfrei),
0800/50 50 445 (Anruf kostenlos) oder in Ihrer Buchhandlung